«No sabía que
era posible amar
de verdad a un
animal... hasta
que llegó Ugar».

La mirada del perro

EDITORIAL ROSAMERÓN

La mirada del perro

CURIOSIDADES, CIENCIA E HISTORIA
DEL MEJOR AMIGO DEL HOMBRE

DAVID G. JARA

**Incluye relatos de *Cuentos de perros*
de Rudyard Kipling**

Traducción de Juan Camilo Perdomo

Derechos exclusivos de la presente edición en español
© 2026, editorial Rosamerón, sello de Utopías Literarias, S.L.

La mirada del perro
Primera edición: abril de 2026
© 2026, David González Jara
© Rudyard Kipling
© Juan Camilo Perdomo por la traducción de *Cuentos de perros*

ISBN (papel): 979-13-991419-2-4
ISBN (ebook): 979-13-991419-3-1
Depósito legal: B 3589-2026

Ilustración de cubierta: © pennyburt / iStock
Ilustración página 10 y 11: «Cómo dibujar un perro», de Ravi Gundal / CC 4.0
Diseño de la colección, cubierta e interior: J. Mauricio Restrepo

Compaginación: M.I. Maquetación, S.L.
Impresión: GraphyCems
Impreso en España – *Printed in Spain*

Gracias por comprar una edición autorizada de este libro y por tanto respaldar a su autor y a editorial Rosamerón. Te animamos a compartir tu opinión e impresiones en redes sociales; tus comentarios, estimado lector, dan sentido a nuestro trabajo y nos ayudan a implementar nuevas propuestas editoriales.

editorial@rosameron.com
www.rosameron.com

PEFC Certificado

Este producto
procede de bosques
gestionados de forma
sostenible, reciclado y
fuentes controladas

PEFC/14-38-00143   www.pefc.es

A mi tío Diego,
por inculcarme su inquebrantable amor a los animales

Índice

Nota del editor

Este libro nace del deseo de ofrecer una mirada distinta —y complementaria— sobre el vínculo entre el ser humano y el perro; una mirada que se apoya en la ciencia, pero que no renuncia ni a la emoción ni a la belleza literaria. A lo largo de estas páginas, David G. Jara nos conduce por el origen biológico del perro, su proceso de domesticación, su extraordinaria capacidad para comprendernos y el papel que ha desempeñado en la historia de nuestra especie. Lo hace desde el rigor de la divulgación científica, pero también desde la experiencia personal de quien ha convivido con un futuro perro guía, Ugar, y ha podido comprobar en primera persona hasta qué punto esta relación transforma la vida cotidiana y la manera de mirar el mundo.

Pero la historia del perro no se ha escrito solo en los laboratorios, en los yacimientos arqueológicos o en los libros de genética. También ha sido narrada, celebrada y comprendida a través de la literatura. Por ese motivo, hemos querido que cada capítulo dialogue con los cuentos de Rudyard Kipling, premio Nobel de Literatura, cuya sensibilidad hacia los animales y cuya profunda comprensión del carácter canino siguen emocionando a lectores de todas las edades.

La alternancia entre el ensayo divulgativo y los relatos de Kipling pretende invitar al lector a transitar entre dos formas de conocimiento que, lejos de oponerse, se enriquecen mutuamente: la explicación científica y la intuición literaria; el dato y la emoción; la historia evolutiva y la historia contada.

Creemos que solo desde esta suma es posible comprender plenamente por qué el perro no es solo un animal domesticado, sino también, como tantas veces se ha dicho —y como aquí se intenta explicar y narrar—, el mejor amigo del ser humano.

And the Woman said, 'His name is not Wild Dog any more, but the First Friend, because he will be our friend for always and always and always. Take him with you when you go hunting'.

The Cat that walked by himself,
RUDYARD KIPLING

Y la Mujer dijo: «Su nombre ya no será Perro Salvaje, sino Primer Amigo, porque será nuestro amigo para siempre, siempre y por siempre. Llévalo contigo cuando vayas de caza».

El gato que caminaba solo

Garm, un rehén

Kipling

UNA NOCHE, HACE YA MUCHOS AÑOS, conduje hasta un cuartel militar de la India llamado Mian Mir para asistir a una función de teatro amateur. Detrás de los barracones de Infantería, un soldado, con la gorra ladeada sobre un ojo, se lanzó delante de los caballos y gritó que era un peligroso bandolero. En realidad, era amigo mío. Iba a decirle que se marchara antes de que alguien lo atrapara; pero quedó bajo el carruaje y, casi al instante, oí las voces de un guardia militar buscándolo. El cochero y yo conseguimos subirlo al carruaje, regresamos a toda prisa a casa, lo desnudamos y lo metimos en la cama. A la mañana siguiente, despertó con un fuerte dolor de cabeza y bastante avergonzado. Cuando su uniforme estuvo limpio y seco, y él afeitado, lavado y arreglado, lo llevé de vuelta a los cuarteles con el brazo en un elegante cabestrillo blanco, explicando que había sufrido un atropello accidental. No conté esta historia al sargento —un hombre hostil e incrédulo—, sino a su teniente, que no nos conocía demasiado.

Tres días después, mi amigo vino a visitarme. Tras sus talones se arrastraba, babeando y sumiso, uno de los mejores bull-terriers de vieja estirpe (dos partes de bull y una de terrier) que jamás he visto. Era completamente blanco, con una mancha leonada justo detrás del cuello y otra, en forma de diamante, en la raíz de su fina cola flexible como un látigo. Lo había admirado desde la distancia durante más de un año; Vixen, mi propia fox terrier, también lo conocía, aunque nunca lo aprobó.

—Es para usted —dijo mi amigo, aunque no parecía nada dispuesto a separarse de él.

—No digas tonterías. Ese perro vale más que la mayoría de los hombres, Stanley —respondí.

—Eso y más. ¡Atención!

El perro se irguió sobre las patas traseras y permaneció así durante un minuto entero.

—¡Vista a la derecha!

Se sentó sobre los cuartos traseros y giró la cabeza con brusquedad. A una señal, se levantó y ladró tres veces; luego dio la mano con la pata derecha y saltó con agilidad hasta mi hombro. Allí se convirtió en algo parecido a una bufanda flácida, colgando a ambos lados de mi cuello. Su dueño me dijo que lo alzara y lo arrojara al aire, cayó lanzando un aullido y levantó una pata coja.

—Parte del truco —dijo el dueño—. Ahora morirás. Cava tu pequeña tumba y cierra el ojito.

Aún cojeando, el perro se arrastró hasta el borde del jardín, cavó un hoyo y se tumbó en él. Cuando le dijeron que estaba curado, saltó fuera como si nada, meneando la cola y ladrando en busca de aplausos. Hizo media docena de trucos más: mostró cómo mantendría a salvo a un hombre —yo era ese hombre, y se sentó delante de mí con los dientes al descubierto, listo para saltar—, o cómo dejaría de comer con una sola orden.

Aún no había terminado de elogiarlo cuando mi amigo hizo un gesto que dejó al perro inmóvil, como si le hubieran disparado. Sacó un trozo de papel azul rayado de cantina del casco, me lo entregó y salió corriendo, mientras el perro lo miraba y aullaba. Leí:

SEÑOR:
Le entrego el perro por lo que hizo por sacarme de apuros. Es el mejor que conozco, porque yo mismo lo crié y lo entrené, y es tan bueno como un hombre. Por favor, no le dé demasiada comida, y no intente devolvérmelo: no lo aceptaré. He ocultado su nombre para que pueda llamarlo como quiera; responderá igual. Puede matar a un hombre con gran facilidad, pero no le dé demasiada carne. Ah, y sabe más que cualquier hombre.

Vixen se unió con simpatía, con su ladrido agudo y pequeño, al grito desesperado del bull-terrier, y aquello me irritó, porque sabía bien que una cosa es un hombre que adiestra perros y otra muy distinta, un hombre que ama a un solo perro. Los perros son, en el mejor de los casos, poco más que vagabundos llenos de parásitos, rascadores compulsivos, comedores inmundos e impuros según la ley de Moisés y de Mahoma, pero un perro con el que uno vive solo durante al menos seis meses al año, una criatura libre, unida a uno de forma tan estrecha por el afecto que sin su amo no se movería ni haría ejercicio, un alma paciente, templada, irónica y sabia, que conoce tus estados de ánimo antes incluso de que tú mismo los reconozcas, no es un perro bajo ninguna definición.

Yo tenía a Vixen, que era enteramente mi perrita, y sentí lo que debió de sentir mi amigo al arrancarse el corazón de esa manera y dejarlo en mi jardín. El bull-terrier, sin embargo, comprendió con bastante claridad que ahora yo era su amo y no siguió al soldado. En cuanto recuperó el aliento le hice muchas caricias, y Vixen, chillando de celos, se lanzó contra él. Si hubiera sido de su mismo sexo, tal vez se habría consolado con una pelea, pero se limitó a mirarla con preocupación mientras ella mordisqueaba sus costados de hierro. Apoyó su pesada cabeza en mi rodilla y volvió a aullar. Pensaba cenar en el Club aquella noche, pero cuando cayó la oscuridad y el perro olfateaba la casa vacía como un niño que intenta reponerse de un ataque de llanto, sentí que no podía dejarlo pasar su primera noche solo. Así que cenamos en casa: Vixen a un lado, el perro extraño al otro; ella vigilando cada uno de sus bocados y expresando sin rodeos lo que pensaba de sus modales en la mesa, que eran, dicho sea de paso, mucho mejores que los suyos.

Era costumbre de Vixen, hasta que llegaba el calor, dormir en mi cama, con la cabeza sobre la almohada como toda una cristiana, aunque por la mañana siempre descubría que la pequeña había apoyado las patas contra la pared y me había empujado hasta el borde del lecho. Aquella noche se acostó a toda prisa, con el pelo erizado y un ojo fijo en el extraño nuevo, que se había dejado caer sobre una estera de forma indefensa, con las cuatro patas extendidas, a medio camino de la cama, suspirando profundamente. Colocó la cabeza en la almohada varias veces, como para exhibir sus pequeños aires de grandeza, y comenzó su habitual canto lloroso antes de dormirse.

El perro extraño se acercó lentamente hacia mí. Extendí la mano y la lamió. Al instante, mi muñeca quedó entre los dientes de Vixen, y su advertencia, un «¡aaarg!» que fue tan claro como el lenguaje humano. Si le prestaba más atención al nuevo, ella me mordería.

La agarré por detrás del grueso cuello con la mano izquierda, la sacudí con firmeza y le dije:

—Vixen, si haces eso otra vez, dormirás fuera, en el jardín. ¿Entendido?

Lo entendió perfectamente, pero en cuanto la solté volvió a morderme la muñeca derecha y se quedó inmóvil, con las orejas hacia atrás y todo el cuerpo aplastado contra la cama, lista para atacar. La cola del gran perro golpeaba el suelo con un gesto humilde y conciliador.

Agarré a Vixen por segunda vez; la levanté de la cama cual coneja —cosa que odiaba y por la que chillaba—, tal como había prometido. La dejé fuera, con los murciélagos y a la luz de la luna. Entonces aulló. Después empleó un lenguaje soez, no dirigido a mí, sino al bull-terrier, hasta que terminó tosiendo de puro agotamiento. Luego corrió alrededor de la casa intentando entrar por todas las puertas. Más tarde fue a los establos y ladró como si alguien estuviera robando los caballos; un viejo truco suyo. Por último, regresó y su aullido decía con toda claridad: «¡Me portaré bien! ¡Déjame entrar! ¡Me portaré bien!».

La dejé entrar y salió disparada hacia su almohada. Cuando se calmó, le susurré al otro perro:

—Puedes tumbarte al pie de la cama.

El bull saltó de inmediato, y aunque sentí a Vixen temblar de rabia, supo que era mejor no protestar. Así dormimos hasta la mañana. Desayunaron temprano conmigo, bocado a bocado, hasta que llegó el caballo y salimos a montar. No creo que el bull hubiera seguido nunca antes a un caballo, estaba loco de emoción. Vixen, como siempre, chillaba, corría de un lado a otro y se puso al frente de la comitiva.

Había un rincón de un pueblo cercano por el que solíamos pasar con precaución, pues allí se reunían los perros parias del lugar. Eran bestias medio salvajes y hambrientas, todos unos cobardes, aunque cuando nueve o diez de ellos se juntan, acorralan, matan y hasta se comen a un perro inglés. Yo llevaba un largo látigo para mantenerlos a raya. Aquella mañana atacaron a Vixen que, quizás adrede, se había apartado de la sombra de mi caballo.

El bull venía penosamente por entre el polvo, a unas cincuenta yardas atrás, casi rodando al correr y sonriendo como solo saben hacerlo los bull-terriers. Oí chillar a Vixen y vi a media docena de aquellos amarillentos perros echársele encima. Un rayo blanco pasó frente a mí y se levantó una nube enorme de polvo. Cuando se disipó, vi a uno de los parias más grandes con el lomo roto y al bull derribando a otro más, azotándolo contra el suelo. Vixen se retiró bajo la protección de mi látigo, y el bull regresó trotando, sonriente como nunca, cubierto de la sangre de sus enemigos. Aquello me decidió a llamarlo «Garm del Pecho Sangriento», que fue un gran personaje en su tiempo, o simplemente «Garm». Inclinándome hacia delante, le dije cuál sería su nombre provisional. Alzó la vista mientras lo repetía y salió disparado. «¡Garm!», grité. Se detuvo, volvió corriendo y se acercó para saber cuál era mi voluntad.

Entonces comprendí que mi amigo soldado tenía razón, y que aquel perro sabía y valía mucho más que un hombre. Al final del paseo di una orden que Vixen conocía y detestaba: «¡Ve a bañarte!».

Garm entendió una parte, y Vixen interpretó el resto, y ambos fueron trotando juntos con seriedad. Cuando fui al jardín trasero, Vixen había sido lavada hasta quedar de un blanco níveo y estaba muy orgullosa de sí misma, pero el criado no quiso tocar a Garm bajo ninguna circunstancia si yo no estaba presente. Así que esperé mientras lo restregaban, y Garm, con la espuma del jabón coronando su ancha cabeza, me miró para asegurarse de que eso era lo que yo quería que soportara. Parecía entender perfectamente que el criado no hacía más que obedecer órdenes.

—La próxima vez, bañarás al perro grande con Vixen cuando los mande juntos —le dije al criado.

—¿Él entiende? —preguntó el criado, que conocía bien a los perros.

—Garm —dije—, la próxima vez te bañarás con Vixen.

Supe que Garm lo había entendido. De hecho, al siguiente día de lavado, cuando Vixen, como de costumbre, huyó y se escondió bajo mi cama, Garm miró al criado con aire dubitativo, se dirigió al lugar donde lo habían bañado la última vez y se quedó rígido dentro de la bañera.

Pero los largos días en mi oficina lo entristecían profundamente. Los tres salíamos por la mañana, pasadas las ocho y media, y regresábamos a casa a las seis o más tarde. Vixen, acostumbrada a la rutina, dormía bajo mi escritorio, pero el encierro minaba el espíritu de Garm. Por lo general, se sentaba en la terraza, mirando hacia el Mall, y yo sabía muy bien qué esperaba.

A veces pasaba un grupo de soldados camino del Fuerte y Garm trotaba hacia ellos para inspeccionarlos; o si un oficial uniformado entraba en la oficina, era lamentable ver la bienvenida que el pobre Garm daba al uniforme, no al hombre. Saltaba sobre él, lo olfateaba y ladraba con alegría, luego corría a la puerta y volvía. Una tarde lo oí aullar a pleno pulmón, algo que nunca antes había escuchado, y desapareció.

Cuando regresé al anochecer y atravesé el jardín delantero, un soldado de uniforme blanco saltó sobre el muro, y el Garm que salió a mi encuentro era un perro eufórico. Aquello ocurrió dos o tres veces por semana durante un mes.

Fingí no darme cuenta, pero Garm lo sabía y Vixen también. Se escabullía de la oficina hacia las cuatro, como si solo quisiera salir a contemplar el paisaje, y lo hacía con tal sigilo que, de no haber sido por Vixen, jamás lo habría notado. La pequeña perra celosa, bajo la mesa, olfateaba y resoplaba lo bastante fuerte como para llamar mi atención cuando escapaba. Garm podía salir cuarenta veces al día y Vixen ni se movía, pero cuando se escabullía para ver a su verdadero amo en el jardín, ella me lo hacía saber en su propio idioma. Era la única señal que daba para recordarme que Garm no pertenecía del todo a la familia. Eran los mejores amigos en todo momento, pero Vixen me advertía de que nunca debía olvidar que Garm no me amaba como ella me amaba.

Nunca lo esperé. El perro no era mi perro, jamás podría serlo, y yo sabía que era tan miserable como su amo, que caminaba ocho millas al día solo para verlo. Así que decidí que cuanto antes reuniera a los dos, mejor sería para todos. Una tarde envié a Vixen sola en el carruaje, Garm había salido antes, y fui a los cuarteles a buscar a otro amigo mío, un soldado irlandés, gran amigo del dueño del perro.

Le expliqué toda la situación y terminé diciendo:

—Ahora Stanley debe estar en mi jardín, llorando por su perro. ¿Por qué no se lo devuelves? Los dos son desdichados.

—¿Desdichado? Ya no tiene vida el pobrecillo. Pero esa es su penitencia.

—¿Qué penitencia? Camina cincuenta millas a la semana para ver al animal y finge no reconocerme cuando me lo cruzo por el camino; y yo soy tan infeliz como él. Haz que acepte al perro de vuelta.

—Es la penitencia que se autoimpuso él mismo. Se lo dije en broma, después de que lo atropellaras aquella noche, al estar medio borracho. Le dije que, si fuera católico, debería hacer penitencia. Se fue con esa idea en su pequeña cabeza algo febril, y nada le pareció más adecuado que entregarte el perro como rehén.

—¿Rehén de qué? Yo no quiero rehenes de Stanley.

—De su buena conducta. Ahora se mantiene recto, de una manera que no resulta precisamente agradable ni siquiera estar con él.

—¿Acaso es una especie de promesa?

—Si fuera solo eso, no me preocuparía. Uno puede prometer tres meses y luego olvidarlo. Él dice que nunca volverá a ver al perro, y créeme, se mantendrá firme para siempre. Ya conoces sus ataques, este es uno de ellos. ¿Y el perro? ¿Cómo lo lleva?

—Como todo un caballero. Es el mejor perro de la India. ¿No puedes hacer que Stanley lo acepte de vuelta?

—No puedo hacer más de lo que he hecho. Pero ya sabes cómo son sus ataques. Dice que está haciendo penitencia. Aunque ¿qué hará cuando se vaya a las montañas? El médico lo ha puesto en la lista.

Es costumbre en la India enviar a un cierto número de lisiados de cada regimiento a estaciones en el Himalaya durante la temporada de calor, y aunque en teoría los hombres deberían disfrutar del frescor y la comodidad, echan de menos la vida de los cuarteles y hacen hasta lo imposible por regresar o por evitar el traslado. Sentí que aquel cambio acabaría por poner las cosas en su sitio, así que dejé a Terrence con alguna esperanza, aunque me dijo:

—No aceptará al perro. Podemos apostar un mes de paga a que no lo hará. Ya conoces sus ataques.

Nunca he pretendido comprender del todo al soldado Ortheris, así que hice lo mejor que pude: lo dejé en paz.

Aquel verano, los inválidos del regimiento al que pertenecía mi amigo fueron enviados antes a las colinas, porque los médicos pensaban que marchar con el frescor del amanecer les sentaría bien. Su ruta iba hacia el sur, hasta un lugar llamado Umballa, a ciento veinte millas o más; luego girarían hacia el este y subirían a las colinas, a Kasauli, Dugshai o Subathoo. Cené con los oficiales la noche anterior a su partida, salían a las cinco de la mañana. Era medianoche cuando llegué a casa y me sorprendió una figura blanca que saltó detrás del muro del jardín.

—Ese hombre lleva aquí desde las nueve hablando con ese perro —dijo el mayordomo—. Está completamente loco. No le dije que se marchara —añadió— porque ha venido otras veces, y porque el criado de los perros me aseguró que, si lo hacía, ese perro enorme me mataría en el acto. No quiso hablar con el Protector de los Pobres, ni pidió nada de comer ni de beber.

—Kadir Buksh —dije—, ha hecho usted muy bien, porque el perro sin duda lo habría matado. Pero no creo que el soldado blanco vuelva nunca más.

Garm durmió mal aquella noche y gimió en sueños. Incluso una vez saltó dormido con un ladrido claro y resonante. Lo vi mover la cola hasta que despertó y el ladrido se apagó en un aullido. Había soñado que estaba de nuevo con su amo y casi lloro por ellos dos. Todo era culpa de la estupidez de Stanley.

La primera parada del destacamento de lisiados fue a unas millas de los cuarteles, en la carretera de Amritsar, a unas diez millas de mi casa. Por pura casualidad, uno de los oficiales regresó para cenar bien en el Club —cuando una cocina está en plena marcha nunca funciona como es debido—, y allí lo encontré. Era gran amigo mío y yo sabía que sabía querer a un perro como se debe. Su mascota era un enorme retriever gordo que iba con él a las montañas por razones de salud, y aunque aún era abril, ese bruto bulto redondo y marrón jadeaba como si fuera a estallar.

—Es increíble las excusas que se inventan estos lisiados para volver a los cuarteles —dijo el oficial—. Hay un hombre de mi compañía que me pidió permiso para regresar al cuartel a saldar una deuda que había olvidado. Me sorprendió tanto que lo dejé ir y se marchó tan dichoso que incluso se montó en un *ekka*. ¡Diez millas para pagar una deuda! Me pregunto cuál sería la verdad.

—Si me acompañas a casa, creo que puedo mostrarte algo —le dije.

Así que fue conmigo, con su retriever, y por el camino le conté la historia de Garm.

—Me preguntaba dónde se habría metido ese perro; es el mejor can del regimiento —dijo mi amigo—. Hace un mes le ofrecí veinte rupias por él. Así que ahora es un rehén, según dices, para mantener la buena conducta de Stanley. Stanley es uno de los mejores hombres que tengo; bueno, cuando quiere.

—Esa es precisamente la razón —respondí—. Un hombre mediocre no se lo habría tomado esto tan en serio.

Caminamos en silencio hasta la casa y rodeamos el jardín. Había un lugar junto al muro, cubierto de tamariscos, donde yo sabía que Garm guardaba sus huesos. Ni siquiera Vixen tenía permiso para acercarse. A la luz de la luna llena india se distinguía un uniforme blanco inclinado sobre el perro.

—Adiós, viejo amigo —no pudimos evitar oír la voz de Stanley—. Por el amor de Dios, no dejes que te muerda ningún perro de pacotilla o uno de esos parias y te vuelvas loco. Aunque sé que sabes cuidarte solo, viejo amigo. No te emborraches ni andes por ahí con malas compañías. Come tus huesos, toma tu galleta y mata a tus enemigos como un caballero. Me voy... no aúlles... Me marcho a Kasauli y allí no volveré a verte.

Podíamos oír cómo le sujetaba el hocico a Garm mientras el perro lo alzaba hacia las estrellas.

—Te quedarás aquí y te portarás bien, y... y yo me iré e intentaré portarme bien también, aunque no sé cómo dejarte... No lo sé...

—Esto es endiabladamente absurdo —dijo el oficial, acariciando a su viejo retriever, regordete y torpe.

Llamó al soldado, que dio un salto, avanzó un paso y saludó.

—¿Usted aquí? —dijo el oficial, mirándolo de frente.

—Sí, señor. Pero ya iba de regreso.

—Salgo a las once en mi carruaje. Vendrá conmigo. No puedo tener lisiados corriendo por todas partes. Preséntese aquí a las once.

No hablamos mucho al entrar en casa, pero el oficial murmuró algo entre dientes y tiró de las orejas de su retriever.

Era un perro vergonzoso, sobrealimentado, aplastado como un felpudo, y cuando se fue tambaleando hacia mi cocina para que le dieran de comer, tuve una idea brillante.

A las once, el perro del oficial no apareció por ninguna parte, y nunca he visto alboroto semejante. Su dueño llamó, gritó, se enfadó y registró mi jardín durante media hora.

Entonces le dije:

—Seguro que aparecerá por la mañana, hombre. Envíe a un soldado en tren y yo encontraré la bestia y se lo devolveré.

—¿Bestia? —dijo el oficial—. Aprecio a ese perro mucho más que a cualquier hombre que conozca. Qué bonito que hables así, tu perra está aquí. Y, en efecto, Vixen estaba a mis pies. Si ella desapareciera, todo se detendría en casa hasta que regresara. Pero hay personas que se encariñan con perros que no valen ni un latigazo. Mi amigo tuvo que marcharse con Stanley en el asiento trasero del coche. Entonces el cuidador de los perros me dijo:

—¿Qué clase de animal es el perro de Bullen Sahib? ¡Mírelo!

Fui a la choza del muchacho. Allí estaba el viejo perro gordo y deshonroso, tendido sobre una estera. Debía de haber oído a su amo llamarlo durante veinte minutos, pero ni siquiera se movió.

—Vaya estampa —dijo el criado con desprecio—. Parece un *punniar-kooter*, un spaniel. Ni siquiera intentó quitarse el pañuelo del hocico cuando su amo lo llamaba. Vixen habría saltado por la ventana y ese enorme perro me habría matado aun con el pañuelo puesto. Es verdad, hay perros de perros.

Al día siguiente, ¿quién apareció sino Stanley? El oficial lo había enviado de vuelta catorce millas en tren con una nota pidiéndome que devolviera al retriever si lo había encontrado, y que, si no, ofreciera grandes recompensas. El último tren al campamento salía a las diez y media, y Stanley se quedó hasta las diez hablando con Garm. Discutí y le rogué, e incluso amenacé con dispararle al bull-terrier, pero el hombre estaba tan firme como una roca, aunque le di una buena cena y le hablé con toda la severidad de la que fui capaz. Garm sabía tan bien como yo que aquella era la última vez quizás que vería a su amo, y siguió a Stanley como una sombra. El retriever no dijo nada, se limitó a relamerse después de la comida y se alejó tambaleándose, sin siquiera dar las gracias al criado, que lo miraba con disgusto.

Terminó este último encuentro y me sentí tan miserable como Garm, que gimió en sueños toda la noche. Cuando fuimos a la oficina, encontró un lugar bajo la mesa, junto a Vixen, y allí se tumbó hasta que llegó la hora de volver a casa. No hubo más carreras por el jardín ni escapadas para encuentros furtivos con Stanley. A medida que el calor aumentó, se prohibió a los perros correr junto al carruaje, por lo que se sentaban conmigo en el asiento, Vixen con la cabeza bajo mi codo izquierdo y Garm abrazado al pasamanos del mismo lado.

Vixen estaba siempre en plena forma. Atendía todo el tráfico, carretas de bueyes que bloqueaban el camino, camellos y ponis guiados a tirones, además de mantener su dignidad al pasar junto a amigos que corrían por el polvo. Nunca ladraba por ladrar, pero su ladrido agudo y penetrante era conocido a lo largo de todo el Mall; los terriers de otros respondían con sus agudos ladridos, y los conductores de bueyes miraban por encima del hombro y nos cedían el paso con una enorme sonrisa.

A Garm, en cambio, nada de eso le importaba. Sus grandes ojos estaban fijos en el horizonte y la boca cerrada. Había otro perro en la oficina, propiedad de mi jefe. Lo llamábamos Bob el Bibliotecario, porque siempre imaginaba ratas inexistentes detrás de las estanterías y, al intentar cazarlas, tiraba medio archivo de periódicos viejos. Bob era un idiota bienintencionado, pero Garm no le hacía el menor caso. Asomaba la cabeza por la puerta jadeando: «¡Ratas! ¡Vamos, Garm!», y Garm cruzaba una pata sobre la otra y se acurrucaba, dejando a Bob hablando ante una espalda completamente indiferente. La oficina era casi tan alegre como una tumba por esos días.

Una vez, y solo una vez, vi a Garm verdaderamente contento con su entorno. Había salido a dar un paseo no autorizado con Vixen un domingo por la mañana temprano, y un artillero muy joven y bastante tonto (su batería acababa de ser trasladada a esa parte del mundo) intentó robarlos a ambos. Vixen, por supuesto, sabía que no debía aceptar comida de soldados; además, acababa de terminar su desayuno. Ella regresó trotando con ese gran trozo del carnero que se entrega a nuestras tropas, lo dejó ante mí y alzó la vista para ver qué me parecía. Le pregunté dónde estaba Garm, y corrió delante del caballo para mostrarme el camino.

Casi a una milla más arriba de la carretera encontramos a nuestro artillero sentado muy rígido en el borde de una alcantarilla, con un pañuelo grasiento sobre las rodillas. Garm estaba frente a él, con un aire bastante complacido. Cuando el hombre movía una pierna o una mano, Garm mostraba los dientes en silencio. Un cordel roto colgaba de su collar, y la otra mitad yacía, aún caliente, en la mano inmóvil del artillero. Me explicó, manteniendo la mirada fija en el perro, que se había encontrado con aquel animal, al que llamó con nombres espantosos, caminando solo, y que pensaba llevarlo al fuerte para que lo mataran por ser un paria sin amo.

Le dije que Garm no me parecía en absoluto un paria, pero que bien podía llevarlo al fuerte si lo creía conveniente. Dijo que prefería no hacerlo. Le dije que se marchara solo al fuerte. Respondió que no quería ir, pero que seguiría mi consejo siempre que yo llamara al perro. Le ordené a Garm que lo acompañásemos y Garm lo escoltó solemnemente hasta la puerta, una milla y media bajo un sol abrasador, mientras yo le contaba a la guardia lo sucedido; pero el joven artillero se enfadó más de lo necesario cuando comenzaron a reírse.

Varios regimientos contaron que antes ya habían intentado robar a Garm a lo largo del tiempo.

Ese mes el calor se intensificó terriblemente, y los perros dormían en el baño, sobre los ladrillos húmedos y frescos donde se emplaza la bañera. Cada mañana, tan pronto como el mayordomo llenaba mi bañera, los dos saltaban dentro, y este debía llenarla de nuevo por segunda vez. Le dije que bien podría llenar una pequeña tina especialmente para los perros. «No —dijo con una sonrisa—, no es su costumbre. No lo entenderían. Además, la bañera grande les da más espacio».

Los sirvientes del *punkah*, que tiran de él noche y día, llegaron a conocer a Garm íntimamente. Él notaba que cuando el ventilador oscilante se detenía, yo llamaba al sirviente y le pedía que tirara con un golpe largo. Y si el hombre se quedaba dormido, yo lo despertaba. También descubrió que era bueno acostarse en la corriente de aire bajo el *punkah*. Tal vez Stanley le había enseñado todo esto en los cuarteles. En todo caso, cuando el *punkah* se detenía, Garm gruñía primero echando una mirada a la cuerda, y si eso no despertaba al hombre, que casi siempre lo hacía, avanzaba de puntillas y le ladraba al oído al durmiente. Vixen era una perrita lista, pero no hacía nada con el sirviente del *punkah*, por lo que Garm me dio horas y horas de sueño fresco y agradecido. Aunque se veía completamente miserable, tan desdichado como un ser humano, y en su miseria se aferraba a mí con tal fuerza que otros hombres lo notaban y sentían envidia. Si me movía de un cuarto a otro, Garm me seguía; si mi pluma dejaba de escribir, su cabeza empujaba mi mano; si me giraba, medio despierto, sobre la almohada, Garm se hacía a un lado, porque sabía que yo era su único vínculo con su amo, y día y noche, noche y día, sus ojos me hacían una sola pregunta: «¿Cuándo va a terminar todo esto?».

Viviendo con el perro como lo hacía, nunca me di cuenta de que estaba más alterado de lo normal por el calor, hasta que un día en el Club un hombre me dijo: «Ese perro tuyo morirá en una o dos semanas. Es una sombra». Entonces le administré a Garm hierro y quinina, que él odiaba, y quedé muy preocupado. Perdió el apetito y hasta permitía que Vixen comiera su cena ante sus ojos. Ni siquiera eso lo hacía tragar, así que lo llevé a una consulta con el mejor médico humano del lugar, una doctora que curaba a las esposas enfermas de reyes, y con el Inspector General Adjunto del servicio veterinario de toda la India. Se pronunciaron sobre sus síntomas, y les conté su historia, mientras Garm yacía apenas en un sofá, lamiéndome la mano.

—Se está muriendo de pena —dijo de pronto la doctora.

—Le doy mi palabra —dijo el Inspector General Adjunto—, creo que la señora Macrae tiene toda la razón, como siempre.

La mejor médica humano escribió una receta, y el Inspector General Adjunto del servicio veterinario la revisó después para asegurarse de que los medicamentos estuvieran en las proporciones adecuadas para un perro; y fue la primera vez en su vida que nuestra médica permitió que se corrigiera alguna de sus prescripciones. Era un tónico fuerte y puso al preciado perro en pie durante una o dos semanas; aunque luego volvió a perder peso. Pedí a un hombre que conocía que se lo llevara a las montañas cuando partiera, y el hombre llegó a la puerta con su equipo en la parte superior del carruaje. Garm comprendió la situación de un vistazo. Se le erizó el pelo a lo largo del lomo, se sentó frente a mí y emitió el gruñido más terrible que jamás haya oído en las mandíbulas de un perro. Le grité a mi amigo que se fuera de inmediato, y tan pronto como el carruaje salió del jardín, Garm apoyó su cabeza sobre mi rodilla y gimió. Así supe su respuesta, y me propuse conseguir la dirección de Stanley en las montañas.

Mi turno para ir al frío llegó a finales de agosto. Nos permitían treinta días de vacaciones al año, si nadie se enfermaba, y los tomábamos cuando podíamos. Mi jefe y Bob el Bibliotecario tuvieron sus vacaciones primero, y cuando se fueron hice un calendario, como siempre, y lo colgué en la cabecera de mi cama, arrancando un día a la vez hasta que regresaran. Vixen había subido a las montañas conmigo unas cinco veces antes y le gustaban el frío, la humedad y las cálidas fogatas tanto como a mí.

«Garm —dije—, vamos con Stanley en Kasauli. Kasauli-Stanley; Stanley-Kasauli». Y lo repetí veinte veces. No íbamos realmente a Kasauli, sino a otro lugar. Aun así recordaba lo que Stanley había dicho en mi jardín la última noche, y no me atreví a cambiar el nombre. Entonces Garm empezó a temblar; luego ladró, y después saltó hacia mí, retozando y moviendo la cola.

«No ahora —dije, levantando la mano—. Cuando diga "Vamos", iremos, Garm». Saqué el pequeño abrigo de manta y el collar con púas que Vixen siempre usaba en las montañas para protegerla de los resfriados repentinos y de los leopardos acechadores, y dejé que los dos los olieran y hablaran entre ellos. Lo que se dijeron, por supuesto, no lo sé, pero convirtió a Garm en un perro nuevo. Sus ojos brillaban y ladraba con alegría cuando le hablaba. Comió su comida y mató ratas durante las tres semanas siguientes, y cuando empezaba a gemir, bastaba con decir «Stanley-Kasauli; Kasauli-Stanley» para animarlo. Ojalá se me hubiera ocurrido antes.

Mi jefe regresó, todo bronceado por estar al aire libre, y muy enojado al encontrar tanto calor en las llanuras. Esa

misma tarde nosotros tres y Kadir Buksh comenzamos a em-
pacar para nuestras vacaciones de un mes, Vixen entrando y
saliendo del baúl veinte veces por minuto, y Garm sonriendo
de oreja a oreja y golpeando contra el suelo su cola. Vixen conocía la rutina de los viajes tan bien como conocía mi trabajo
en la oficina. Se dirigió a la estación, cantando canciones, en
el asiento delantero del carruaje, mientras Garm se sentó atrás
conmigo. Se apresuró a entrar en el vagón del tren, vio a Kadir
Buksh hacer mi cama para la noche, bebió un poco de agua y
se acurrucó con su ojo negro manchado vuelto hacia el tumul-
to del andén. Garm la siguió, la multitud le abrió un carril solo
para él, y se sentó sobre los cojines con los ojos brillantes y la
cola extendida detrás.

Llegamos a Umballa en la calurosa y brumosa madrugada,
cuatro criaturas que habíamos trabajado duro durante once
meses, gritando por nuestros carruajes de dos caballos que
nos llevarían hasta Kalka, al pie de las Colinas—. Todo era
nuevo para Garm. No entendía de esos carruajes en los que
uno se recuesta por completo sobre la ropa de cama, pero
Vixen sí lo sabía y saltó a su sitio de inmediato; Garm la siguió. La carretera de Kalka, antes de que se construyera el
ferrocarril, tenía unas cuarenta y siete millas de largo, y los
caballos se cambiaban cada ocho millas. La mayoría se resis-
tían, pateaban y se encabritaban, pero tenían que avanzar,
y avanzaban mejor de lo habitual con el profundo ladrido de
Garm a sus espaldas.

Había que cruzar un río, y cuatro bueyes tiraron del carruaje. Vixen sacó la cabeza por la ventanilla y estuvo a punto de
caer al agua mientras daba instrucciones. Garm permanecía
callado y lleno de curiosidad, y tuve que animarlo hablándole
de Stanley y de Kasauli. Así seguimos adelante, ladrando y au-

llando, hasta Kalka para almorzar, y Garm comió suficiente para dos.

Después de Kalka, la carretera serpenteaba entre las colinas, y tomamos un carruaje con ponis medio domados, que se cambiaban cada seis millas. Nadie soñaba con un ferrocarril hasta Simla por aquellos días, pues estaba a siete mil pies de altura. La carretera tenía más de cincuenta millas de largo, y el ritmo reglamentario era tan rápido como los ponis podían ir. Allí, de nuevo, Vixen guiaba a Garm de un carruaje a otro, saltaba al asiento trasero y gritaba. El aliento fresco de las nieves nos alcanzó a unas cinco millas de Kalka, y Vixen gimoteó por su abrigo, temiendo, con buen juicio, un resfriado en el hígado. También había traído uno para Garm, y mientras ascendíamos hacia la brisa fresca, se lo puse. Garm lo mordisqueó sin entenderlo del todo, pero creo que estaba agradecido.

«¡Hi-yi-yi-yi!» ladraba Vixen al tomar las curvas; «¡tut-tut-tut!» sonaba la corneta del conductor en los lugares peligrosos, y «¡guau, guau!» ladraba Garm. Kadir Buksh se sentaba en el asiento delantero y sonreía. Incluso él estaba contento de escapar del calor de las llanuras que se cocía en la neblina detrás de nosotros. De vez en cuando nos cruzábamos con algún conocido que bajaba a su trabajo, y decía: «¿Qué tal allá abajo?», y yo gritaba: «Más caliente que brasas. ¿Qué tal allá arriba?», y él respondía: «¡Perfecto!», y seguíamos adelante.

De pronto Kadir Buksh dijo por encima del hombro: «Aquí está Solon», mientras Garm roncaba donde yacía, con la cabeza sobre mi rodilla. Solon es un pequeño cantón desagradable, pero tiene la ventaja de ser fresco y saludable. Todo está desolado y ventoso, y por lo general uno se detiene en una casa de descanso cercana para comer algo. Salí y llevé a ambos perros conmigo, mientras Kadir Buksh preparaba el té. Un soldado nos dijo que encontraríamos a Stanley «allá fuera», señalando con la cabeza una cima aún más desolada.

Al subir vimos al mismísimo Stanley que me había causado todos estos problemas, sentado sobre una roca con el rostro entre las manos y el abrigo suelto colgándole a su alrededor. Nunca había visto a nadie tan solitario y abatido en mi vida como aquel hombrecito, encogido y pensativo, en esa gran ladera gris.

Aquí Garm me dejó.

Se fue sin mediar palabra y, hasta donde pude ver, casi sin mover las patas. Pareció volar por el aire, y oí el estruendo al lanzarse sobre Stanley, derribándolo por completo. Rodaron juntos por el suelo, gritando, aullando, abrazándose. No podía distinguirse quién era el perro y quién el hombre, hasta que Stanley se levantó y rompió en llanto.

Me contó que había estado sufriendo fiebre intermitente y que se sentía muy débil. Todo su aspecto lo decía; pero incluso mientras lo miraba, tanto el hombre como el perro recuperaron su tamaño y su semblante naturales, exactamente como las manzanas secas que se hinchan en el agua. Garm estaba sobre su hombro, su pecho y sus piernas al mismo tiempo, de modo que Stanley hablaba a través de una enorme nube de Garm; Garm tragando, sollozando y babeando. No dijo nada que yo pudiera entender del todo, salvo que había creído que iba a morir, pero que ahora se sentía completamente bien, y que no entregaría a Garm nunca más a nadie por debajo del rango de Belcebú.

Luego dijo que tenía hambre, sed y que era feliz.

Bajamos a tomar el té a la casa de descanso, donde Stanley se atiborró de sardinas, mermelada de frambuesa, cerveza, cordero frío y encurtidos, cuando Garm no estaba trepándole encima, y después Vixen y yo seguimos nuestro camino. Garm comprendió la situación de inmediato. Se despidió de mí tres veces, dándome ambas patas una tras otra y saltando a mi hombro. Además, nos escoltó, cantando hosannas a todo pulmón durante más de una milla por el camino. Luego corrió de regreso junto a su amo.

Vixen no abrió la boca, pero cuando llegó el frío crepúsculo y pudimos ver las luces de Simla al otro lado de las colinas, olfateó con el hocico el pecho de mi abrigo. Lo desabroché y la acomodé dentro. Dio entonces un pequeño suspiro de satisfacción y se durmió profundamente, con la cabeza sobre mi pecho, hasta que llegamos a Simla, dos de las cuatro criaturas más felices del mundo aquella noche.

Capítulo 1

El nacimiento de una amistad

MUY ACERTADAMENTE, KIPLING distingue entre personas a quienes les gustan los perros, de aquellas otras que, como el compañero de Garm, aman a un perro con toda su alma. Durante toda mi vida yo me situaba dentro del primer grupo, pues adoro a los perros, pero al mismo nivel que a casi todo tipo de animales. De modo que jamás pensé que, más allá de las películas de Disney, fuera posible establecer un vínculo de amor profundo, de ese que llaman amor de verdad, con un animal. Desconocía que tal tipo de conexión entre un perro y una persona pudiera llegar a ser real... hasta que una fría mañana de enero fui a recoger al cachorrito que cambiaría mi vida.

Con quince minutos de retraso, detuve el coche con el motor resoplando como un viejo mulo fatigado a las puertas de las instalaciones de la Fundación ONCE del Perro Guía. «Aparque junto a perreras... Recto, al final y a la derecha», me dijo amablemente el vigilante, después de apuntar el número de la matrícula de mi coche y comprobar, en la misma libreta minúscula y amarillenta, que efectivamente tenía una cita concertada.

Cargado de cierta impaciencia por conocer al cachorro de cuya educación y bienestar me iba a responsabilizar durante un año, recorrí completamente despistado pasillos gemelos que despedían un ligero tufillo a pelo mojado de animal. Finalmente, tan desorientado que no habría sido capaz de encontrar la salida, me introdujeron en una sala con dos gigantescos ventanales, una pantalla blanca que cubría la mitad de la pared, sobre la que se veía un póster con un hermoso golden retriever, y a cuyo frente se situaban varias hileras de sillas ordenadas, que inevitablemente me recordaba el aula de un instituto en periodo no lectivo. Allí me esperaba Blanca, adiestradora de la ONCE, una mujer entrada en la cuarentena, que con una tranquilidad y diligencia asombrosas me fue explicando todo lo que una familia educadora debe saber sobre el cachorro que va a acoger en su casa.

Personalmente es una de las tareas más duras a las que me he enfrentado, y no por el hecho de que los primeros meses de la vida de un cachorro sean los más estresantes y difíciles, ni tampoco porque involucres en ella a toda tu familia (y, en mi caso, a mis alumnos y compañeros de trabajo), sino, como bien sabía Rudyard Kipling, por el propio poder que tiene un perro.

Si para el soldado desprenderse de su amigo Garm supone «arrancarse el corazón», no es menor el sufrimiento de las familias educadoras cuando deben despedirse definitivamente del cachorro al que han cuidado y querido con absoluta devoción. Es verdad que lo haces por un buen motivo, también que sabes desde el primer día que se trata de una unión temporal, pero la razón y los sentimientos son dos caminos ciegos el uno para el otro, y el dolor de separarte de un amigo (quizás el mejor) no lo atenúan ni todas las razones del mundo.

Lo cierto es que después de recibir una hora de explicaciones, pautas e indicaciones, junto con una enorme bolsa de tela que contenía sus juguetes, estaba como loco por conocer a mi nuevo amigo. Blanca me dio una última información que me intranquilizó ligeramente: «Ugar tiene tres meses, y los solemos entregar a las familias con dos..., pero al pobre lo han devuelto después de una semana. Quizás porque es un poco nerviosillo».

Teniendo en cuenta el carácter extremadamente inquieto y juguetón que muestran todos los cachorros, y especialmente los cachorros de labrador retriever, que mi Ugar destacara por su intranquilidad no parecía un dato demasiado alentador. El hecho de que durante las primeras caminatas por el parque pareciéramos una familia paseando un velociraptor de pelo color chocolate y profundos ojos verdes, confirmó que Ugar, efectivamente, era un perro «un poco nerviosillo».

No obstante, aquel día, en el mismo momento en que a través del enorme ventanal pude ver por primera vez a quien iba a ser mi fiel compañero durante un año, sin siquiera sospechar el profundo vínculo que se establecería entre ambos, comprendí el efecto adormecedor que lo cotidiano ejerce sobre todos nosotros.

Estamos tan acostumbrados a ver perros paseando con sus amos, perros jugando con los niños, perros guiando al ganado, perros protegiendo familias, perros salvando vidas, perros... perros... perros..., que no somos conscientes de lo anormal que resulta una relación tan intensa y dependiente entre dos especies.

Es cierto que en el ámbito de la biología hablamos con frecuencia de relaciones simbióticas, como las que establecen algas y hongos para formar líquenes, el pez payaso con la anémona en la que vive o los rumiantes con sus bacterias intestinales. Pero en ninguna de estas relaciones un organismo ha transformado conscientemente a otro para amoldarlo a sus necesidades; porque, no lo olvidemos, el perro (*Canis familiaris*) es una especie que solo existe porque así lo hemos querido los humanos.

El origen de la especie

En pleno siglo XXI no deja de resultar sorprendente la falta de perspectiva que muestra parte de la sociedad, soliviantada al oír hablar de modificación genética, hibridación o selección de especies, cuando el *Homo sapiens* lleva milenios jugando a ser dios. Las ovejas y las vacas que nos dan lana y leche; los almendros y los naranjos que nos sustentan con sus frutos; los microorganismos que fabrican para nosotros alimentos, hormonas y proteínas, y, por supuesto, nuestros mejores amigos, los perros, no existirían sin la acción más o menos consciente y directora del hombre.

Del mismo modo que las ovejas o los almendros actuales surgieron de la domesticación de ciertas especies silvestres, el perro tiene su origen en un ancestro salvaje que también fue domesticado.

La enorme variedad de razas, que un simple paseo por el parque nos puede revelar, fue la causa de que durante mucho tiempo se especulase con la posibilidad de que el perro tuviera su origen en varias especies distintas. El mismísimo Charles Darwin creía que el perro descendía tanto del coyote como de diferentes subespecies de lobos y de chacales. El prestigioso etólogo Konrad Lorenz propuso al chacal dorado como el ancestro de la mayoría de las razas de perro, si bien es cierto que tampoco descartaba que otras procediesen del lobo. En la actualidad disponemos de una herramienta que no estaba al alcance de aquellos grandes científicos: el análisis genético, que ha puesto al descubierto la naturaleza del ancestro de todos nuestros perros.

La comparación de secuencias de ADN de perros, lobos, coyotes y chacales ha encontrado una enorme similitud genética entre dos de ellos: nuestros perros y el lobo gris. Así, los perros actuales, desde el minúsculo chihuahua hasta el gigantesco lebrel irlandés (paradójicamente, una raza creada para dar caza a los lobos), tienen un único antepasado: el lobo (*Canis lupus*), y tan emparentadas están ambas especies que algunos científicos ni siquiera las consideran especies diferentes.

Estamos acostumbrados a oír hablar de «especie» en contextos tan diferentes y bajo acepciones tan distintas que probablemente sea un concepto que no termina por quedarnos del todo claro. De forma general, consideramos que dos individuos pertenecen a especies diferentes cuando la divergencia entre ellos es tan grande que no pueden engendrar descendencia, o que, en el inusual caso de que sean capaces de reproducirse, todas las crías que conciban resulten infértiles.

Podríamos asegurar que esta estrategia para diferenciar especies funciona siempre y cuando haya transcurrido mucho tiempo desde que los individuos a quienes estamos comparando compartieran un ancestro. Así, debemos remontarnos 81 millones de años para encontrar el antepasado común de caballos y vacas. Sin embargo, la idea que sobre especie hasta el momento estoy esbozando empieza a tambalearse cuando nos referimos a organismos que han comenzado recientemente su andadura como especies diferentes.

Sabemos que el oso polar evolucionó directamente de poblaciones de oso pardo, y que su divergencia en especies diferentes se produjo hace tan solo unos 800.000 años. Tiempo adecuado para que la evolución haya generado algunas características peculiares y diferenciales en cada tipo de oso, pero no el suficiente como para que sean incapaces de reproducirse entre ellos, y engendrar un híbrido (el oso grolar) que tiene plena capacidad reproductiva.

Un hecho similar, solo que acortando todavía más los tiempos, acontece con el perro y el lobo. Los datos genéticos sugieren que el lobo fue domesticado hace tan solo 15.000 años, mientras que los restos fósiles datan la aparición del perro como especie en 30.000 años. Recientes estudios utilizando el ADN mitocondrial (ADN que se encuentra en el interior de las mitocondrias y que es heredado exclusivamente por vía materna) sitúan el periodo de domesticación de los lobos en el abanico temporal comprendido entre los 18.800 y los 32.100 años. En cualquier caso, un tiempo demasiado reducido como para que ambas especies hayan acumulado diferencias suficientes que impidan el flujo de genes entre ellas.

El lobo y el perro son dos especies diferentes que no solo pueden engendrar descendencia, sino que esta es tan fértil como lo son sus progenitores. El perro lobo checoslovaco, actualmente considerado una raza canina a todos los efectos, tuvo su origen en el cruce entre un perro pastor alemán y una loba de los Cárpatos, en un experimento que trataba de mejorar la capacidad de defensa y la agresividad controlada de los perros de que por entonces, finales de la década de los sesenta del siglo pasado, disponía el ejército checoslovaco.

Observando, de cuando en cuando, a través del espejo retrovisor a aquel cachorrito marrón de labrador que la había tomado con el cinturón de seguridad después de haber destrozado el reposacabezas del copiloto, no pude evitar pensar que los perros y los lobos salvajes tienen mucho en común. Sin embargo, tanto el interés que mostraba por entenderme cada vez que me dirigía a él (ya fuese para rogarle que no me destruyese el coche o para contarle lo a gusto que iba a estar con nosotros), como los gemidos y ladridos con que intentaba llamar mi atención cuando dejaba de hablarle, me hacían sospechar que los perros podrán parecerse mucho a sus antepasados los lobos, pero que también poseen características que los alejan claramente de ellos.

Domesticando lobos

A pesar de los muchos estudios que se han realizado con el objetivo de desvelar este enigma, todavía desconocemos cómo y por qué fue domesticado el lobo. Es posible que nuestros antepasados quedasen fascinados por la destreza que aún hoy en día siguen demostrando los lobos para capturar presas de gran tamaño, y, sorprendidos por su capacidad para trabajar en grupo, vieran en este animal el compañero perfecto con quien compartir aquellas aventuras cinegéticas que procuraban el alimento a las antiguas sociedades nómadas.

Tampoco se puede descartar que, ya en el Neolítico, el talento de las manadas de lobos para perseguir, acosar y controlar los rebaños de ungulados salvajes a quienes daban caza permitiese intuir en estos animales los socios adecuados para manejar el ganado recién domesticado. Y también, ¿por qué no?, es probable que su ferocidad, unida a la inquebrantable fidelidad que mantiene al grupo en el que ha crecido, nos hiciera advertir la enorme potencialidad que este animal posee para la protección y la defensa de las comunidades humanas. No en vano, todas las anteriores son algunas de las tareas en las que en la actualidad empleamos a nuestros perros.

Sin embargo, todas estas conjeturas parecen implicar una acción premeditada y dirigida unidireccionalmente por el hombre. Pero ¿y si, al menos durante los primeros estadios de la domesticación, hubiesen sido los propios lobos salvajes los que se acercasen al hombre buscando un beneficio?

Bueno, pues lo cierto es que manejamos una interesante hipótesis que no solo adjudica ese primer paso al lobo, sino que además nos daría una respuesta verosímil al proceso de domesticación del perro. Un proceso que, según recientes estudios científicos, lo más probable es que se produjera en dos etapas diferentes.

Las últimas investigaciones parecen apostar por que fueron algunas manadas de lobos las que comenzaron con el acercamiento a las poblaciones humanas. Dicho de otra forma: los lobos nos eligieron a nosotros como compañeros, y solo después, en una segunda etapa, los humanos alteramos consciente o inconscientemente algunas de sus características para hacer del perro nuestro mejor aliado.

Pero vayamos por partes. ¿Qué es lo primero que debe sucederle a un animal, no ya para acercarse al hombre, sino solo para soportar su amenazante presencia cerca de él o de sus crías? Es un hecho evidente que no resulta fácil aproximarse a ningún animal salvaje, bien por el hecho de que la inmensa mayoría huiría presa del miedo, bien por la circunstancia de que el animal que no huye, o no está en condiciones de poder huir, responderá atacándonos. Esta evidencia nos conduce a una conclusión que ha sido confirmada por la ciencia: la disminución del miedo y de la agresividad hacia los humanos constituye el factor clave para que un animal pueda ser domesticado.

Cuando Ugar, después de un viaje de poco más de cien kilómetros desde la Fundación del Perro Guía hasta la ciudad de Ávila, que Homero no habría tenido dificultad en convertir en un poema épico, llegó por fin a su nueva casa, no tardó ni un segundo en lanzarse a los brazos de mi mujer y lamer, con el mismo placer que un niño un cucurucho de helado de chocolate, la cara de mis hijos. Al día siguiente, la primera vez que me acompañó al instituto, fue saludando, ¡uno por uno!, a los setenta alumnos que diariamente acuden al edificio de secundaria.

Está claro que, si no media una experiencia negativa previa del animal, los perros sienten una atracción innata por los humanos, y desde luego no les tienen ningún miedo. Una lástima que Ugar fuera todavía demasiado jovencito para intuir que, por el contrario, hay personas que sí temen a los perros. Pues no veas las carreras que se pegaba todas las mañanas persiguiendo por los pasillos a la orientadora, pensando que estaba jugando con él, y no corriendo despavorida para encerrarse en el lavabo.

Ahora sabemos que en la conducta prosocial, carente de miedo y agresividad, que muestra Ugar cuando saluda y juega con mis alumnos, o persigue como un loco a la pobre orientadora, está involucrada de forma decisiva una sustancia llamada oxitocina.

Desde un punto de vista puramente químico, la oxitocina es una molécula constituida por la unión de nueve aminoácidos que fabrica el hipotálamo de todos los mamíferos. A nivel fisiológico, es responsable de las contracciones uterinas en el parto, y resulta imprescindible para la salida de la leche a través del pezón durante el amamantamiento de las crías. Pero también desempeña un papel crucial, en este caso bajo la forma de neurotransmisor cerebral, en la regulación de estados emocionales como la agresividad, el miedo, la confianza o el apego. Sabemos que durante el amamantamiento se liberan importantes cantidades de oxitocina en el cerebro de la madre y de la cría; que sucede lo mismo en el cuerpo de dos enamorados cuando se regalan besos, mimos y miradas, y que cuando un humano acaricia a un perro se desencadena, en ambos, una imparable riada de oxitocina que desborda por completo el sistema nervioso. El efecto a nivel cerebral que provoca el aumento de la oxitocina se manifiesta en una disminución tanto de la ansiedad como del miedo, en un incremento de la confianza y, si se produce de forma continuada, en la vinculación y el establecimiento de apego entre los dos individuos.

Pero sabemos aún más sobre la influencia que ejerce la oxitocina en el comportamiento de un organismo. Una interesante investigación científica descubrió que el desarrollo de un mayor número de neuronas sensibles a la oxitocina en las ratas albinas de laboratorio causa una disminución apreciable de su agresividad. Y el que la actitud combativa de estos roedores sea muy inferior a la que de forma habitual manifiestan las ratas salvajes es de agradecer, porque permite que los científicos puedan trabajar con ellas sin recibir demasiados mordiscos y arañazos.

Todas estas evidencias sobre el papel que desempeña la oxitocina en el control del miedo, la ansiedad y la agresividad podrían llevarnos a pensar que esta molécula actuó como facilitadora en el acercamiento de algunos lobos, menos miedosos y agresivos, a las poblaciones humanas. Sin embargo, aun siendo acertada, resulta necesario matizar adecuadamente dicha afirmación.

El aspecto conflictivo radica en que la oxitocina, cuando actúa como neurotransmisor, no siempre lo hace disminuyendo el nivel de estrés del individuo. En realidad, esta sustancia puede desencadenar dos efectos en la regulación de las emociones que son radicalmente opuestos, y que se muestran dependientes del contexto en el que se encuentre el individuo. Así, la oxitocina, bajo algunas circunstancias, promueve una disminución de la agresividad, el miedo y el estrés, mientras que, bajo otras distintas, los incrementa.

Para entender la aparente incongruencia que se esconde tras la actividad de la oxitocina podemos pensar en la luz que repentinamente se enciende en una habitación oscura. Cuando un niño que creemos dormido se despierta con terrores nocturnos, encender una luz contribuye a tranquilizarlo. Por el contrario, si una persona está plácidamente dormida y súbitamente alguien enciende la luz, lo más normal es que se asuste y nos lance una zapatilla a la cabeza. La oxitocina viene a ser como esa luz que en contextos diferentes provoca respuestas radicalmente distintas.

Retomando el tema de los lobos, se ha descubierto que cuando estos animales viven en un medio natural donde un encuentro con el ser humano es poco frecuente, la oxitocina que libera su hipotálamo fomenta un tipo de miedo denominado adaptativo, que resulta ventajoso para el animal. En un encuentro con un humano, la liberación de oxitocina a nivel cerebral desencadena una respuesta mediada por la ansiedad y el temor, que permite que el animal se mantenga alerta ante una posible amenaza o un peligro, y sea capaz de recordarlo en una ocasión posterior. Por consiguiente, un lobo siempre evitará el contacto con un ser humano, que no en vano es lo que han hecho, hacen y harán la inmensa mayoría de los lobos.

Por el contrario, cuando un lobo vive sometido a condiciones estresantes, como sucede al compartir su hábitat con las poblaciones humanas, la misma oxitocina que antes contribuía a potenciar la ansiedad y el miedo, bajo estas nuevas condiciones reduce los niveles de estrés, ya que un estado de estrés crónico perjudica al animal. De este modo, los lobos que compartían territorio con el hombre no solo le tendrían menos miedo, sino que se mostrarían más audaces en la exploración de territorios y en la búsqueda de alimentos, lo que los conduciría a acercarse aún más a los asentamientos humanos (ya fueran temporales o permanentes). Así, generación tras generación, los lobos que crecieron en entornos antropogénicos sacarían adelante crías con mayor tolerancia a la presencia humana hasta que de algún modo se vincularon a ellos.

Visto lo visto, desde esta perspectiva basada en la ambivalencia conductual de la oxitocina según el contexto en el que se desarrolle el animal, se justificaría, por una parte, el hecho de que la inmensa mayoría de los lobos grises de los que procede el perro nunca osaran entablar contacto con las poblaciones humanas, a las que temían y evitaban. Y, por otra, que un minúsculo grupo de lobos, que al principio compartía hábitat con los humanos, fuera poco a poco disminuyendo su miedo y agresividad hasta entablar cierto contacto con ellos.

Ahora la cuestión es: ¿por qué motivo aquellos lobos menos temerosos y agresivos se acercaron a los asentamientos humanos?

Bien, pues aquellos que compartís vuestra vida con un perro lo sabéis perfectamente: ¿dónde está vuestro querido Pongo, Luna, Thor o Tarzán cuando coméis? Pues imagino que en el mismo sitio que está Ugar cuando mi familia se sienta a la mesa, alrededor esperando que le caiga, o que se caiga, un pedazo de comida que llevarse a la boca.

También de pan vive el lobo

Cuando Ugar pisó por primera vez el pequeño chalé adosado que iba a ser su nuevo hogar durante un año, ya tenía todas sus cosas preparadas: el comedero y el bebedero en la cocina; el colchón gigante, con el elefante de peluche que le habían comprado los niños y una mantita de cuadros escoceses verdes y blancos, junto a nuestra cama; su balda en el armarito de la entrada con el collar, la correa y el cepillo, y el saco de piensos en la despensa junto a una pequeña báscula para pesar alimentos.

No tengo ninguna duda de que la vida de un futuro perro guía resulte idílica en todos los aspectos, menos en uno: la comida. Y no será por la calidad de los piensos: la Fundación del Perro Guía nos proveía gratuitamente con lo mejor de lo mejor, solo que la cantidad que el perro puede ingerir cada día está minuciosamente controlada.

De hecho, si queremos que un perro tenga una vida larga y saludable es imprescindible que se controle la clase de alimentos que ingiere (preferentemente en forma de piensos con una formulación de nutrientes adecuada al tipo y la edad de nuestro amigo) y la cantidad que le damos a diario. Los veterinarios de la ONCE son conocedores de la importancia que tiene la alimentación en la vida de un perro, y por eso me pidieron que controlase con cierta severidad lo que comía y la cantidad que comía diariamente Ugar.

El problema es que para un labrador retriever, que podría devorar una vaca dormida si no se despierta a tiempo, dos tomas de pienso al día (tres en el caso de un cachorro) solo son un minúsculo aperitivo. Tal es la ansiedad que les genera la comida a esta raza de perros (no casualmente resulta clave en su proceso de entrenamiento como perros guía) que en un descuido he visto a Ugar comerse una papaya de dos bocados, el sándwich de chorizo que un alumno calentaba en las rendijas del radiador y medio libro de matemáticas de otro. Aunque sospecho que en este último caso medió cierta incitación por parte del muchacho.

De modo que si me preguntáis qué pudo provocar que aquel grupo de lobos ancestrales, que había visto reducido su miedo por la acción de la oxitocina, se acercara a las poblaciones humanas, se me ocurre una única respuesta: la búsqueda de alimento.

Multitud de estudios científicos especulan con la posibilidad de que un grupo de lobos hubiese adquirido hábitos carroñeros que indujesen a algunos de estos cánidos salvajes a merodear de forma habitual por los alrededores de los asentamientos humanos, con el objetivo de alimentarse de los desperdicios de comida que estos desechaban. Estos animales irían, poco a poco, vinculando su supervivencia a la presencia del hombre, quien, intuyendo la enorme potencialidad de sus nuevos vecinos, no habría dudado en adoptar a sus cachorros, domesticarlos y emplearlos en múltiples y diferentes tareas.

Cuando imagino la comida típica de los lobos, lo primero que me viene a la cabeza es Caperucita Roja o los tres cerditos; vamos, que el alimento principal de cualquier lobo salvaje es la carne. Sin embargo, recientes estudios, que compararon el genoma del perro y del lobo actual, localizaron una importante alteración a nivel de una serie de genes relacionados con la asimilación del almidón, un nutriente de naturaleza muy distinta a las proteínas y las grasas que están presentes en la carne. De hecho, lo que hace de ello un descubrimiento de lo más interesante es que este polisacárido solo se encuentra en alimentos de origen vegetal como los cereales, los tubérculos o las legumbres.

Los lobos son cánidos cuya dieta está casi exclusivamente conformada por carne; pero los perros, aun siendo animales eminentemente carnívoros, han visto ampliada la naturaleza de los alimentos que son capaces de digerir. Este aspecto metabólico, lejos de mostrarse como un factor casual e irrelevante, ha resultado ser clave en su proceso de domesticación.

Este podría ser el relato: algunos de los lobos más atrevidos que merodeaban junto a las poblaciones humanas comenzaron a alimentarse con los desperdicios que estas producían.

Pero es más que probable que entre los residuos generados por aquellas primeras sociedades agrícolas abundasen los desperdicios de origen vegetal, al menos en mucha mayor medida que los huesos y la carne; de modo que los lobos ¡¿se hicieron vegetarianos?!

Lo cierto es que un animal como el lobo, que ha evolucionado durante milenios para optimizar la digestión de las proteínas y la grasa de la carne, no va a adquirir, de la noche a la mañana, la capacidad para alimentarse a base de materia vegetal. Un cambio de dieta no es algo tan sencillo como decidir que hoy me alimento de esto y mañana, de eso otro; simplemente existen unos alimentos que un organismo es capaz de digerir y otros que no.

Y es que la tarea de digerir un alimento viene a ser algo similar a la de desguazar un coche viejo del que queremos reutilizar alguna de sus piezas. Si no disponemos de la herramienta adecuada con la que desmontar las puertas, desarmar el guardabarros o aflojar las tuercas del neumático, el viejo coche se convertirá en un trasto inútil que se limitará a ocupar espacio en el fondo del garaje.

Las «piezas» de un alimento se denominan nutrientes, y son estas moléculas químicas (en forma de aminoácidos, glucosas o ácidos grasos) los elementos que un organismo debe ser capaz de extraer del alimento para poder utilizarlos en el crecimiento y la reparación de sus propios tejidos, o para conseguir de ellos la energía con la que vivir.

Las herramientas que permiten descomponer un alimento en sus nutrientes básicos son unas proteínas denominadas enzimas digestivas, las cuales están codificadas en los genes del propio individuo. De modo que si un organismo carece de las enzimas capaces de descomponer un determinado nutriente, este no podrá ser digerido y, manteniendo su integridad química, terminará formando parte de la materia no asimilada que origina los excrementos.

Nosotros, por ejemplo, carecemos de una enzima llamada celulasa. Una especie de tijera química que es capaz de fragmentar la gigantesca macromolécula de celulosa en las unidades de glucosa que la constituyen. Como nuestro organismo no puede sintetizar celulasa, estamos incapacitados para alimentarnos de la hierba y los pastos en los que abunda la celulosa.* Sin embargo, poseemos otra enzima, la amilasa, que nos permite descomponer el almidón, presente en multitud de alimentos de origen vegetal, en las imprescindibles glucosas que nuestras células necesitan para vivir.

Rondando alrededor de la mesa de la cocina, como milenios atrás hicieran sus ancestros en torno a los asentamientos humanos, Ugar aprovechaba cualquier migaja de pan que la gravedad arrancaba al bocata de los niños. Aunque no habría dudado en lanzarse a por un trozo de carne si la providencia lo hubiera emplazado cerca de sus fauces, lo cierto es que el comportamiento de mi nuevo y fiel compañero delataba su capacidad para digerir un nutriente poco frecuente en la dieta de los lobos: el almidón. De algún modo, el proceso de domesticación había provocado un cambio radical en la alimentación de aquellos lobos ancestrales que merodeaban los

---

* Que no seamos capaces de digerir la celulosa no quiere decir que esta molécula no deba formar parte de nuestra alimentación. La celulosa es el principal constituyente de la fibra, un componente de los alimentos de origen vegetal que favorece el correcto funcionamiento de nuestro intestino grueso y que contribuye a disminuir los niveles de colesterol en la sangre.

asentamientos humanos, permitiendo que algunos alimentos de origen vegetal pasaran a formar una parte importante de su dieta.

La genética nos ha revelado algunos de los cambios que se han producido en el metabolismo del perro durante el proceso de domesticación, y que han contribuido decisivamente para que un animal salvaje se convirtiese en el mejor amigo del hombre. Conocemos al menos diez regiones del genoma del lobo que sufrieron importantes modificaciones durante el proceso de domesticación, y que afectan de manera determinante a la digestión del almidón en los perros. Regiones donde se ubican genes que codifican proteínas implicadas en todas las etapas que afectan a la digestión del almidón y a la absorción intestinal de las glucosas que se obtienen tras su degradación.

Cuando Ugar ingiere la cantidad concreta de piensos con la que cada día le alimento, pesca un pedazo de galleta abandonado a su suerte después del desayuno familiar, o aprovecha un descuido de los alumnos durante el recreo para de un bocado tragarse medio sándwich, el almidón contenido en estos alimentos llega sin sufrir modificación alguna a su intestino delgado. Pero allí, en el primer tramo del intestino, concretamente en el duodeno, el almidón se encuentra con la amilasa que ha sintetizado el páncreas de Ugar, y que se encarga de escindir la gigantesca molécula de almidón en otras más pequeñas de maltosa (cada una de ellas formada por tan solo dos glucosas).

Este proceso es muy eficiente en Ugar y los de su especie, pero limitado en los lobos actuales, debido a que el gen que codifica la amilasa pancreática (el gen *AMY2B*) presenta en el genoma del perro un número mucho mayor de copias que en el del lobo.* Situación que a su vez redunda en que la amilasa pancreática se exprese veintiocho veces más entre nuestros cánidos.

Pero la digestión del almidón no termina aquí: la maltosa que se ha formado por la acción de la amilasa pancreática también debe sufrir su propia degradación en el intestino delgado del animal. Si la enzima que rompe el almidón en maltosas se denomina amilasa, la encargada de escindir cada maltosa en las dos glucosas que la constituyen se llama maltasa. Y resulta que, a diferencia de lo que sucedía con el gen *AMY2B* de la amilasa, el gen que codifica la maltasa no presenta un incremento en el número de copias en el genoma del perro, pero sí una minúscula modificación en su secuencia respecto a la del lobo.

La secuencia del gen que codifica la maltasa en las células del perro es ligeramente más larga que la que aparece en el lobo,** y esta modificación se ha encontrado también en algunos animales herbívoros como la vaca o el conejo, o en omnívoros como el lémur. Como consecuencia de esta minúscula variación en tamaño, el gen de la maltasa se expresa doce veces más en los perros que en los lobos, y su capacidad para escindir la maltosa en glucosas se ve duplicada en los primeros.

Todas las modificaciones genéticas anteriores dieron como resultado un incremento de la capacidad del perro para asimilar el almidón, y de esta forma adaptar su dieta a la de un me-

* Los perros, dependiendo de la raza, presentan entre 4 y 34 copias del gen *AMY2B* que codifica la amilasa; mientras que los lobos tan solo poseen entre 2 y 8 copias, poseyendo la mayoría (más del 60%) únicamente 2 copias.

** Esta pequeña elongación del gen de la maltasa en los perros da como resultado una maltasa poseedora de dos aminoácidos más.

rodeador de asentamientos humanos. Pero debemos tener cuidado con no malinterpretar esta afirmación; que los perros presenten algunas diferencias con los lobos en cuanto a la digestión del almidón no quiere decir que su dieta no deba ser eminentemente carnívora, y, mucho menos, que tenga que parecerse a la de los humanos.

Para empezar, existen alimentos como el chocolate que los humanos consumimos con frecuencia y que, aun siendo saboreado con placer por nuestros perros, resulta muy peligroso para ellos. En el cacao abunda una sustancia conocida como teobromina, químicamente similar a la cafeína, que tiene un importante efecto estimulante en los humanos. Nosotros metabolizamos con facilidad la teobromina impidiendo que, en las concentraciones presentes en el chocolate, por muy puro que sea, resulte tóxica. Sin embargo, los perros no degradan bien la teobromina y su toxicidad es cinco veces mayor en ellos, de modo que el equivalente a unas siete onzas de chocolate puede llevar a la tumba a un perrito de unos 5 kilogramos.

Aunque consideremos a nuestro perro como un miembro más de la familia, si queremos que tenga una vida larga y saludable, no debemos alimentarlo como si fuera un ser humano. Menos aún si tenemos en cuenta que la dieta en la mayoría de las sociedades humanas deja, en términos de salud, mucho que desear. No parece casualidad que en aquellos países, como en los Estados Unidos de América, donde la obesidad humana es una plaga, también los perros sufran de sobrepeso. Se estima que uno de cada cuatro perros estadounidenses está entre un 15 y un 20% por encima de lo que sería un peso saludable.

Una dieta adecuada para un perro debe contener una cantidad equilibrada de nutrientes que se adapte a su tamaño, al periodo de vida en el que se encuentra (la cantidad de proteínas que necesita un cachorrito en fase de crecimiento es, por ejemplo, muy superior a la de un adulto de edad avanzada) y a la actividad física que desarrolla a diario. Desde luego que teniendo en cuenta estos requisitos, y recordando que no debemos alimentarlo con carne cruda, ni que la comida contenga restos de espinas o de huesos, podemos preparar nosotros mismos el menú. Sin embargo, personalmente me decanto por la comodidad de los alimentos comerciales, especialmente en forma de piensos secos, elaborados con carne, pescado y cereales, que el mercado pone a nuestra disposición en una variedad enorme para adaptarse a las características de cada perro.

Ahora, no solo consiste en elegir un pienso adecuado para nuestro compañero; también conviene que las cantidades que le damos diariamente estén controladas, y, especialmente, que no caigamos en el frecuente error de darle pedacitos de comida cuando estamos sentados a la mesa. Los insípidos bordes de las pizzas, el pedazo de pan que nos sobra cuando ya se ha agotado la yema de huevo o la galleta que se ha hecho añicos al abrir el paquete representan un aporte extra de nutrientes que no solo son, en parte, responsables del sobrepeso en un perro, sino que además contribuyen a que jamás nos dejen tranquilos mientras comemos.

No olvidemos que la primera fase de la domesticación consistió precisamente en eso: lobos menos miedosos y agresivos que merodeaban alrededor de los asentamientos humanos en busca de restos de comida que llevarse a la boca. Solo que, si recordáis, hablábamos de dos etapas en la domesticación de los lobos. De modo que nos queda una cuestión a la que todavía debemos dar respuesta: ¿qué tuvo que suceder a continuación para que aquellos lobos se convirtieran en perros?

La mirada del perro

Sumergido en la letárgica rutina escolar que homogeniza los días en mi mente, no soy capaz de recordar con exactitud si Ugar había cumplido ya los cuatro meses; pero estoy seguro de que fue una de las primeras ocasiones que lo dejaba acompañarme a clase, con su chalequito amarillo que lo identificaba como «Futuro Perro Guía».

Aquella mañana, uno de mis alumnos abrió la puerta del aula para ir al lavabo, y Ugar aprovechó la ocasión para salir corriendo como un loco. Sorprendido, porque nunca lo había hecho, lo perseguí por el pasillo, y a pesar de mis llamadas, a las que ya empezaba a obedecer, bajó las escaleras dirigiéndose a la puerta de salida del instituto. Temí encontrarme con la cancela abierta y tener que buscar al perro por las enrevesadas calles del pueblo, mientras mis alumnos me esperaban «tranquilamente» en el aula.

Inevitablemente, la puerta de entrada al instituto estaba abierta de par en par, atravesada por una larga cola de padres y madres que venían a hacer alguna consulta o a traer papeles a la secretaría del centro, y que vieron al profe de ciencias desencajado bajar de tres en tres los peldaños de la escalera. Contra todo pronóstico, Ugar no había salido a la calle, sino que, disolviendo la sorprendida fila de progenitores, se había detenido junto a uno de los bancos que tenemos en el vestíbulo. Allí, bajo un tablón de corcho en el que se exponían varias infografías relatando la vida de científicas famosas, estaba sentado Lucas con la cabecita de Ugar apoyada sobre su pierna derecha.

Lucas es un chico de segundo curso de la ESO que no estaba pasando una buena racha. Después de un ataque de ansiedad, del que ni Ugar ni yo fuimos testigos, había bajado a secretaría para estar acompañado mientras su madre venía a recogerlo. Reconozco que no sé si Ugar lo había intuido antes de escaparse del aula o si su objetivo era salir del instituto y al ver al niño se quedó junto a él, pero lo cierto es que no pude separarle del lado de Lucas, que mientras lo acariciaba parecía calmarse, hasta que no llegaron a recoger al muchacho.

A todas aquellas personas que tienen o han tenido la suerte de compartir su vida con un perro no voy a revelarles ningún secreto, pero estos animales son expertos a la hora de interpretar las señales humanas. Un tono de voz, un gesto, la posición del cuerpo e, incluso, una mirada o un silencio intercalado entre dos palabras constituyen signos que el perro es capaz de descifrar casi al mismo nivel que solo otro humano podría. Algunos hablarán de caballos, delfines e incluso loros, sin duda todos ellos animales con gran capacidad para ser adiestrados, que parecen entender las órdenes de sus dueños y entrenadores. Pero lo cierto es que no existe en la naturaleza otro animal que como el perro sea capaz de interpretar y comprender las señales comunicativas que empleamos los seres humanos.

Los científicos han descubierto que el perro manifiesta fenotipos cognitivos y de comportamiento que resultan ser increíblemente similares a los de los seres humanos. Y parece evidente que estos rasgos conductuales y funciones mentales son, al menos en un alto grado, responsables de que los perros busquen la compañía del ser humano y lo entiendan como ningún otro animal puede hacerlo.

La incógnita, que nos conduce directamente a la segunda etapa de la domesticación, es cómo pudieron los perros desarrollar, o más bien mimetizar, características tan humanas que les predisponen a socializar con una especie muy diferente a la suya.

Durante mucho tiempo se especuló con la posibilidad de que estas características las hubieran adquirido los perros a través del contacto directo con sus dueños, mediante un simple, o no tan simple, proceso de observación que relacionara una causa con su efecto. Solo por medio de la experiencia, compartiendo días, meses y años con el dueño y sus manías, el perro no solo buscaría la compañía de su humano, también aprendería a interpretar sus intenciones y emociones.

Mas si esta hipótesis fuese cierta, se esperaría una mejor capacidad interpretativa de los gestos humanos por los cachorros de mayor edad que por los más jóvenes, por el simple hecho de haber permanecido más tiempo con su dueño. Y algo similar sucedería con los cachorros que han sido criados por humanos, frente a aquellos que pasan sus primeras semanas junto a su madre y hermanos en un ambiente casi exclusivamente canino.

Sin embargo, en un experimento desarrollado con cachorros de nueve y veinticuatro semanas de vida, divididos en dos grupos: unos cachorros criados por humanos y otros criados en su camada, se observó que los perritos de nueve semanas de vida eran tan buenos como los cachorros de veinticuatro interpretando los gestos (tales como indicar el lugar donde se ocultaba la comida o un objeto concreto) que realizaban los humanos. También se descubrió que la capacidad de los cachorros para interpretar los gestos comunicativos humanos no se veía afectada por el modo de crianza. Y los perritos que habían pasado sus primeras etapas de desarrollo en la camada se mostraban tan hábiles interpretando las señales humanas como aquellos que habían crecido junto a los humanos.

Si descartamos el planteamiento anterior (conocido dentro del ámbito científico como hipótesis de la exposición) por altamente improbable, surge de modo espontáneo una segunda conjetura que los etólogos denominan hipótesis de la ascendencia.

En principio, pocas afirmaciones parecen más coherentes que la que sostiene que la inclinación al contacto social y la capacidad que poseen los perros para entender las señales comunicativas humanas ya aparecían de algún modo, aunque fuese en un estado rudimentario, en sus ancestros los lobos. La conjetura podría expresarse tal que así: como los perros proceden del lobo, y estos últimos conforman grupos sociales donde resulta crucial la interpretación de los gestos de otros compañeros, como sucede durante la caza o en el establecimiento y el mantenimiento de la jerarquía en la manada, es probable que ambas características, predisposición a la socialización y facilidad para interpretar las intenciones de sus congéneres, se hayan mantenido en los perros, solo que trasladadas a su relación con los humanos.

No cabe duda de que los perros son expertos interpretando las señales y los signos comunicativos que realizan sus congéneres, como podrían ser la postura corporal de otro perro, el gruñido o la posición de la cola. No obstante, todos los animales entienden en mayor o menor medida las señales comunicativas de los individuos de su misma especie, y ninguno, a excepción del perro, parece comprender, sin que medie un proceso de entrenamiento, las intenciones comunicativas humanas.

De hecho, un grupo de etólogos de la Universidad de Harvard desarrolló un estudio que comparaba la eficacia de perros y lobos criados por humanos en la localización de un alimento cuando los investigadores miraban, señalaban o tocaban el recipiente donde se encontraba la comida. Lo que descubrieron echó al traste la hipótesis de la ascendencia, ya que, a diferencia de los perros, que en la inmensa mayoría de las ocasiones daban con el alimento, los lobos, aun manteniendo un fuerte vínculo de confianza con sus cuidadores, eran incapaces de entender ninguna de las señales humanas.

Tanto proponer y descartar hipótesis, que parece que nunca entenderemos el motivo de que Ugar empatizara con un alumno que estaba teniendo una crisis de ansiedad. Con este ir y venir de una conjetura a otra, ¿seremos capaces de desentrañar el origen de la habilidad que tienen los perros para entendernos cuando los miramos, señalamos algo o permanecemos enfadados en silencio? ¿Llegaremos alguna vez a comprender la causa de que los perros nos muestren, como poéticamente escribiese Kipling, un amor inquebrantable, una pasión perfecta y una devoción sellada como ni siquiera otro humano sería capaz?

Bien, pues la respuesta la teníamos delante y solo recientemente hemos sido capaces de verla. Ha sido el propio proceso de domesticación llevado a cabo por los humanos el causante de que Ugar y los suyos nos entiendan como ninguna otra especie puede hacer.

En los años sesenta del siglo pasado, el genetista Dmitri Belyaev se propuso recrear lo que suponía el método seguido por nuestros ancestros para domesticar a los animales. Se trataba de cruzar especímenes de zorro rojo (*Vulpes vulpes*), una especie que conocía y manejaba desde sus tiempos en el Laboratorio Central de Investigación de Cría Peletera en Moscú, seleccionándolos según su menor agresividad y mayor predisposición a interaccionar amigablemente con los humanos.

Después de varias generaciones, Belyaev y su equipo de investigadores descubrieron que los zorritos domésticos no solo eran más dóciles y amigables, también presentaban muchas de las particularidades que la selección artificial ha engendrado en los perros. Características anatómicas tan peculiares como son las orejas caídas o las colas rizadas, un esqueleto más grácil dotado de patas más largas, o manchas blancas en el pelaje y cráneos feminizados en los machos. No obstante, lo que llamó poderosamente la atención de los investigadores fue que aquellos zorros domésticos que se mostraban hipersociales, buscando la atención constante de los humanos incluso mediante ladridos, eran además muy hábiles, como hasta entonces solo los perros habían demostrado ser, a la hora de interpretar los gestos y las señales de sus criadores.

Los experimentos de Belyaev con los zorros en plena estepa siberiana demostraron que la acción del ser humano, a través de la domesticación, es capaz de inducir cambios tanto en la anatomía y la fisiología como en el comportamiento de un animal. No obstante, sus observaciones, aunque relevantes, quedaban restringidas a la superficialidad del fenotipo, a lo que podemos observar o medir, sin llegar a la dimensión más profunda del ser donde se produce el verdadero cambio: el ámbito de los genes.

Sin embargo, recientes investigaciones han puesto al descubierto algunos de los genes que se ven alterados durante el proceso de domesticación, y que son responsables directos de las características anatómicas y de comportamiento que muestran tanto los perros como los zorritos de Belyaev. De forma sorprendente, estas alteraciones genéticas remedan las de una extraña y limitante enfermedad humana conocida como síndrome de Williams-Beuren.

La mayor peculiaridad que muestran las personas con síndrome de Williams-Beuren es su predisposición para establecer contacto social con cualquier persona, incluso con un extraño de aspecto amenazante. Podríamos decir que los individuos con síndrome de Williams-Beuren están dotados de una hipersociabilidad tan grande como la de nuestros perros.

De hecho, existe una clara convergencia fenotípica en el carácter hipersocial que muestran los perros y las personas con síndrome de Williams-Beuren, aunque el proceso genético que la ha originado es diferente en cada una de las especies. Hipersociabilidad canina que, fruto de una evolución convergente con los seres humanos, les ha permitido percibir e interpretar, como ninguna otra especie puede hacer, las señales y los gestos comunicativos que nosotros realizamos.

Después de todas las evidencias que la ciencia está revelándonos sobre el origen y la naturaleza del perro, no resulta difícil entender la fidelidad inquebrantable que muestra Garm a su dueño. Sin embargo, puede ser que nos cueste más concebir una entrega incondicional en el sentido contrario; y veamos el intenso amor que el libertino soldado irradia por su perrito algo más forzado, fruto, quizás, de una licencia creativa del literato, creíble en la ficción, pero improbable en la realidad.

Pues os tengo que decir que no estoy para nada de acuerdo con esta apreciación. Milenios de selección y coexistencia han ido acoplando a dos especies diferentes hasta parecer una sola, en un caso insólito en la naturaleza que las ha vinculado a un nivel tan profundo que, como escribe Kipling, hay ocasiones donde no es posible saber dónde termina el perro y dónde empieza el hombre.

Es evidente que hay individuos que tienen (en el radical sentido de poseer) perros por quienes no albergan un sentimiento especial, al menos no más especial que por cualquier otra de sus posesiones o por las herramientas que utilizan en su trabajo (obviamente, este libro no tiene nada que ver con ellos). Sin embargo, y sintiendo la cabecita de Ugar apoyada en mis pies mientras escribo este párrafo, somos muchos más aquellos que, no buscando ninguna utilidad en un animal dotado de una dignidad y un valor propios, amamos profundamente a nuestros perros.

Cuatropatas

Kipling

He hecho casi todo lo que hacen los hombres,
y lo he borrado todo de mi mente;
pero algo que jamás puedo olvidar, aunque lo intente,
es a Cuatropatas trotando detrás.

Día tras día, a toda hora,
fuera cual fuera mi rumbo,
Cuatropatas me decía: «¡Voy contigo!»,
y trotaba sin descanso detrás/dando tumbos.

Ahora deberé tomar otro camino,
a un lugar en el que nunca escucharé
ni que traerá consigo el sonido
de Cuatropatas trotando detrás.

Capítulo 2

La invención de un perro

HAY ALGO QUE TENÉIS QUE SABER todos aquellos que estéis planeando compartir vuestra vida con un perro: como Cuatropatas a Kipling, vuestro futuro perrito os va a seguir fielmente en cada paso que deis. Como un componente más de la familia os acompañará a cualquier lugar al que vayáis y, si se lo permitís, él nunca, jamás, os dejará solos.

En mi caso, Ugar ha sido parte de mi familia, y como tal venía conmigo dondequiera que yo fuera, incluso aunque se tratase de la fiesta más refinada y aburrida.

Mientras le cepillaba en el porche de casa, bajo la atenta mirada de Rulo, un bichón frisé con el pelo rizado y blanco como la nieve que lleva más de una década viviendo con nosotros, intentaba explicarles que debían ser buenos, que íbamos a ir a una fiesta de unos amigos de los abuelos que eran..., vaya, un poco especiales. Imagino que como todos aquellos que tenéis perro, yo les hablo a los míos como si entendieran absolutamente todo lo que les digo, solo que en este caso las instrucciones no les debieron de quedar suficientemente claras.

Cuando llegamos con los niños, los perros y un par de botellas de vino bajo el brazo, y vi el jardín repleto de invitados vestidos como para una boda, camareros y mesitas llenas de copas de cristal y fuentes de porcelana que en mi cabeza se hacían añicos al paso de Ugar, entré en pánico. La cara de sorpresa que pusieron los amigos de mis padres al ver aparecer un labrador chocolate de 35 kilos, que había olido el jamón ibérico que rebosaba en las bandejas, tirando y bufando como un toro recién salido de toriles, no contribuyó a relajarme.

Lo cierto es que me encontraba tan fuera de lugar que decidí sentarme a la sombra de una encina algo alejada del resto de los invitados, agarrando la correa de Ugar con una mano y la de Rulo con la otra. Hasta que una anciana que me recordaba a Sophia Petrillo se acercó atraída por el aspecto de peluchito que tiene Rulo. «¡Qué cosita más bonita! Déjame darle un paseo». No me vi capaz de negarle nada a una de las Chicas de Oro, y para allá, hacia donde estaban el resto de los invitados, se fue paseando a Rulo. Pero Rulo es un perro que engaña: es muy mono, no gruñe, no salta a por la comida, jamás te dará un mordisco..., pero tiene un pequeño problema que hemos sido incapaces de corregir: intenta montar a todo lo que se mueve.

Así, cuando la anciana sorprendió a Rulo culeando con vehemencia una de sus piernas, escandalizada, soltó la correa. Y el angelito, que vio a aquel precioso yorkshire terrier con su coletita recogida por un elegante lazo rojo, salió disparado hacia el animal. No sé si el perrito era macho o hembra, joven o viejo, recatado o lascivo, pero mi Rulo intentó montarlo por todos los lados, dando un espectáculo de auténtica pornografía perruna.

Entre las risas de los más jóvenes y la sorpresa de los adultos, a la señora de la casa no se le ocurrió mejor cosa que encender la manguera para apartar a «ese pequeño sátiro» de su precioso perrito. Ugar, que es ver un chorro de agua y volverse loco, salió disparado desde debajo de la encina sin que pudiera hacer nada por detenerlo, tirando en su camino mesas, sillas, copas y a todo aquel que se pusiera por delante. Yo cerré los ojos a tiempo para no ver cómo se lanzaba sobre la amiga de mi madre y la arrastraba por el suelo para jugar con el agua. En el viaje de vuelta a casa, mientras los perros dormían como angelitos, yo no apartaba la vista de la carretera abrumado por la vergüenza.

Dicen que de toda experiencia se saca una conclusión útil. Personalmente no creo haber obtenido ninguna enseñanza de aquella historia, más allá de que no van a volver a invitarnos a ningún acontecimiento social. Sin embargo, durante el tiempo que pasé bajo la encina, con un vaso de limonada fría y los dos perros tumbados a mi lado, observando una masa homogénea de humanos emperifollados e inmersos en sus rutinarios quehaceres sociales, pude reflexionar sobre lo similares que somos todas las personas, y lo diferentes que, por el contrario, parecen unos perros de otros. Aburrido como una ostra, me dije que si en aquel instante bajara un extraterrestre (lo reconozco, a veces mis pensamientos no dan para mucho más), no sería capaz de diferenciar a un humano de otro, pero tendría que echarle mucha imaginación para agrupar a Ugar y a Rulo dentro de la misma especie.

Y es que la selección artificial llevada a cabo por el hombre, cruzando de forma consciente e intencional individuos con unas características particulares, ha originado una gigantesca variedad de razas con rasgos anatómicos y conductuales muy diferentes.

Perros de todos los colores

Uno de los grandes aportes del darwinismo fue encontrar el mecanismo que explica cómo los seres vivos se adaptan a las condiciones cambiantes del entorno. Darwin, como cualquiera de nosotros, era consciente de que dentro de cualquier población siempre se manifiesta una heterogeneidad en cuanto a las características que presentan sus individuos. Así, por ejemplo, en una población humana tenemos personas de pelo claro y oscuro, altas, bajas y medianas, con mayor o menor predisposición a padecer enfermedes de origen genético, etcétera. Y lo mismo sucede en cualquier otra población, sea esta de gorriones, abedules o bacterias, debido, en su mayor parte, a pequeñas alteraciones que se producen en los genes y que son causadas por mutaciones aleatorias.

Cuando los individuos de una población se ven inmersos en la lucha por la supervivencia (tal como pueden ser la competencia por el alimento, el acceso a las hembras o la evitación de un depredador), alguno de esos rasgos diferenciales puede darles una ventaja o, por el contrario, resultar un lastre para la supervivencia. Los individuos cuyas características les permiten adaptarse mejor a las condiciones del medio desplazarán a aquellos otros cuyos rasgos no son tan favorables, y, además, irán transmitiendo dichas características, a través de los genes, a sus descendientes.

Este mecanismo evolutivo, que comienza en la adaptación del individuo y culmina en la formación de una nueva especie, es lo que Charles Darwin denominó selección natural.

Los seres humanos, aun estando sometidos al yugo de la propia selección natural, somos muy hábiles desarrollando estrategias contraevolutivas que redunden en nuestro beneficio. Y es que, desde la antigüedad, hemos conseguido seleccionar características en plantas y animales que nos resultan muy útiles, pero que, en ausencia de la protección humana, serían rápidamente eliminadas por la naturaleza mediante la selección natural.

Imaginad qué sucedería con un rebaño de ovejas sin la protección del pastor y de unos buenos mastines, o de un cultivo de maíz al que no defendiéramos de las malas hierbas y de las plagas de hongos e insectos. El hombre lleva milenios involucrado en la tarea de seleccionar organismos vegetales y animales que le resulten útiles, una selección denominada artificial, que solo busca el beneficio humano. De este modo, si la selección natural es un mecanismo no direccional que opera favoreciendo la supervivencia del más apto bajo unas condiciones ambientales concretas, la selección artificial es un mecanismo que trabaja en una sola dirección: nuestro interés.

Como ya vimos en el capítulo anterior, somos copartícipes, junto con aquellos primeros lobos audaces que se acercaron a nosotros, del origen de una especie llamada *Canis familiaris*. Sin embargo, somos los únicos responsables de la aparición de cada una de las trescientas cincuenta y nueve razas de perro reconocidas por la Fédération Cynologique Internationale (FCI).

Mediante un proceso de selección artificial, cruzando los perros que poseían las características deseadas, hemos llegado a crear lobos domésticos tan minúsculos como el chihuahua, con apenas 2 kilogramos de peso, y tan gigantescos como el lebrel irlandés, cuyos machos superan fácilmente los 70 kilogramos. Perros que se asemejan a corderos, como el bedlington terrier, y otros, como el leonberger, que parecen precisamente eso, un león. Canes que como el otterhound son especialistas en cazar nutrias, que como el border collie guían a las ovejas mejor que el más experto pastor, o que como el malamute de Alaska, al que hemos dotado de una fortaleza y resistencia extraordinarias, arrastra durante cientos de kilómetros los más pesados trineos.

Históricamente, el concepto de raza ha adquirido una diversidad de acepciones y matices, en algún caso, como sucediese con las inexistentes razas humanas, con un interés puramente discriminatorio, que pueden llegar a hacer ciertamente confuso su significado. Sin embargo, en el ámbito de la biología, se trata de una idea relativamente clara. Se emplea, con mayor o menor acierto, para diferenciar grupos de individuos pertenecientes a una misma especie que, con el tiempo, han ido acumulando diferencias genéticas que terminan por manifestarse en unos rasgos anatómicos y comportamentales propios.

El aislamiento reproductivo de una parte de la población suele ser la causa más habitual de la acumulación de divergencias genéticas que conduce a un grupo a diferenciarse como raza. Precisamente es el aislamiento reproductivo la estrategia que utilizamos los humanos para crear las diferentes razas de perro. Seleccionando a los individuos que presentan las características que nos interesan (mayor o menor tamaño; tal o cual color del pelaje; habilidad para la caza, el cuidado del ganado o la natación...) y cruzándolos exclusivamente entre ellos, los humanos hemos creado todas las razas de perro conocidas.

Aunque viéndolos y, sobre todo, conociéndolos, Ugar y Rulo parecen animales distintos, casi de especies diferentes, la realidad es que ambos proceden de un mismo ancestro. Ha sido la mano del hombre la que los ha transformado en dos razas tan singulares como son el labrador retriever y el bichón frisé. De hecho, sus historias evolutivas, aunque mantienen nexos en común y un mismo creador, son muy diferentes.

El labrador retriever tiene sus orígenes en los perros que eran empleados por los pescadores de la costa de Labrador, península situada en el noreste de Canadá, para recuperar los peces que de las redes caían al mar. Se trata de una raza muy moderna, pues no se reconoció como tal hasta principios del siglo XX, y desde entonces ha venido siendo utilizada como perro para el cobro de piezas de caza, especialmente patos.

Con tales antecedentes es normal que Ugar pierda el control cuando ve una piscina o un estanque, y que se lance de cabeza hacia el chorro de una manguera, o que baile como un loco bajo la lluvia que pulverizan los aspersores de un jardín en verano. Como también se trata de perros muy inteligentes con facilidad para aprender, y dotados de un apetito voraz que favorece su enseñanza mediante recompensas comestibles, es la raza preferida para actuar como guía de las personas ciegas.

Rulo es completamente diferente. El bichón frisé ya aparece representado junto a sus dueños —reyes y alta nobleza— en cuadros del Renacimiento, y su existencia siempre ha estado más vinculada a las clases sociales altas que al proletariado. De hecho, el bichón es muy simpático, alegre y sociable con humanos y perros, pero su única utilidad es hacernos compañía. Claro que con tan poca cosa a lo que dedicarse, no es extraño que Rulo concentre casi todos sus esfuerzos en perseguir, con la colita permanentemente levantada, un compañero de juegos amorosos.

Los orígenes de Ugar y de Rulo, más bien del labrador retriever y del bichón frisé, ponen de manifiesto un aspecto muy interesante sobre los perros: la mayoría de las razas caninas son algo muy reciente.

Ya sabemos que el origen del perro se remonta a, al menos, 18.800 años, pero, por el contrario, la inmensa mayoría de las razas han aparecido muy recientemente en la historia. Durante mucho tiempo los científicos databan el origen de las razas de perro en un pasado remoto, y en verdad disponían de evidencias para asegurarlo. Conocemos figuras de perro elaboradas por la cultura Colima, que se desarrolló en el noroeste de México entre el 200 a.C. y el 500 d.C., que representan la raza de los xoloitzcuintles. En la antigüedad se consideraba que estos perros, hoy conocidos como xolos, descendían del dios Xolotl y tenían la misión de guiar el alma de los muertos hasta su descanso eterno. Sin embargo, tan divino ascendiente y tan importante misión no evitaban que los indígenas degustasen su sabrosa carne descubierta de pelo.

Viajando casi 4.000 años hacia el pasado, hasta la dinastía XII del antiguo Egipto, encontramos modelos y dibujos que representan una raza de perro conocida como basenji. Estos perros de aspecto liviano y muy inteligentes, cuyo origen se sitúa en el África central, presentan algunas peculiaridades que los acercan mucho a sus ancestros los lobos. Para empezar, no son capaces de ladrar debido a la morfología extrañamente aplanada de su laringe, aunque emiten vocalizaciones y un aullido muy característico que recuerda el canto tirolés. Además, las hembras de esta raza, al igual que los lobos y a diferencia de la inmensa mayoría de los perros, que mantienen dos periodos reproductivos, solo entran en celo una vez al año.

Pero si estamos indagando sobre las razas de perro más antiguas, no queda más remedio que dirigir la mirada hacia Oriente. Allí se encuentran tres razas: el chow-chow, el shar-pei y el akita inu, cuyo genoma las sitúa muy cerca del lobo gris, postulándose como las primeras razas de perro creadas por el hombre. Sin duda razas primitivas muy cercanas al lobo, lo que no impide que sus individuos manifiesten una fidelidad inquebrantable con los humanos.

El 4 de octubre del año 1932, en el diario japonés *Asahi Shimbun* aparecía, junto a una fotografía de grandes proporciones de un perro de raza akita, la noticia titulada «Una conmovedora historia de un perro viejo». La crónica relataba la increíble historia de Hachiko, un perro akita inu que llevaba años viviendo en la estación de trenes de Shibuya esperando el regreso de su dueño.

Una década antes de que el periódico japonés recogiera la historia, el profesor Hidesaburo Ueno recibió como regalo un cachorrito de dos meses de vida al que llamó Hachiko. El profesor y Hachiko compartían los escasos metros cuadrados de un apartamento en el barrio tokiota de Shibuya, pero su trabajo como docente en el departamento de agricultura de la Universidad de Tokio obligaba al profesor Ueno a coger diariamente el tren hacia el cercano barrio de Komaba.

Aunque, como Cuatropatas o Ugar, a buen seguro habría seguido fielmente los pasos de su dueño en todo momento, Hachiko no podía viajar con su humano. Aun así, todos los días acompañaba al profesor y lo esperaba en la estación de trenes hasta que estaba de vuelta. Sin embargo, cuando Hachiko contaba con apenas un año y medio, en el transcurso de una de las clases en la Universidad de Tokio, el profesor Ueno sufrió un derrame cerebral y ya no volvió jamás.

Durante días los transeúntes que pasaban por delante de la estación de trenes de Shibuya se sorprendían al ver a un akita que no abandonaba la estación, y recordaron a aquel profesor que siempre iba acompañado por su perro. A lo largo de casi diez años esperó pacientemente Hachiko la llegada del profesor Ueno. Y lo habría esperado eternamente si no fuera porque un día, sin perder nunca la esperanza de volver a ver a su dueño, le falló el corazón.

Durante el otoño de 1934 se construyó en la estación de Odate, la ciudad donde nació, una estatua en honor de Hachiko. Se trata de un pequeño monumento que celebra la fidelidad que de manera habitual muestran los perros hacia los humanos. Desgraciadamente, lo contrario no siempre es así. Las necesidades a las que se vio abocada la población japonesa durante la Segunda Guerra Mundial no solo provocaron que la estatua de Hachiko se fundiera para utilizar su bronce en la elaboración de arma,* sino que se prohibiera, bajo amenaza de ser acusado de traidor a la patria y de recibir un castigo ejemplar, alimentar a los perros, especialmente a los akitas por su enorme apetito.

Así y todo, sabemos que, subalimentándose a base de calabaza, rábanos y pasta de helecho, sobrevivieron una docena de akitas: los antepasados de todos los individuos de esta peculiar raza que hoy pasean por nuestros parques esperando volver a casa junto a su propio profesor Ueno.

Cazadores de genes

Dicen que el mes de agosto en Madrid es espantoso. La gente huye hacia las localidades de la costa o a la montaña para escapar del calor que derrite el asfalto durante las horas de sol y

---

* En el año 1988 volvió a erigirse una estatua en honor a Hachiko en la estación de trenes de Odate.

secuestra el sueño al llegar la noche. En esos días que la ciudad queda prácticamente vacía, a merced de los turistas, nosotros aprovechamos para visitarla. El problema es que los intereses de cada miembro de la familia no pueden ser más dispares. Pero sacando partido a la compañía de Ugar, convencí a todos de lo importante que sería ver cómo se comportaba en lugares públicos saturados de gente, tales como el Jardín Botánico o el Museo del Prado.

En el Botánico la visita no comenzó del todo bien. Mientras enseñaba el carné que me acredita como familia educadora de perros guía de la ONCE, Ugar salió disparado hacia la estatua de Murillo detrás de un par de ruidosas cotorras argentinas, llevándome a mí, al carné de educador y a una pareja de coreanos que hacían cola volando detrás de él.

Reconozco que, ante tales antecedentes, me pregunté si merecía la pena visitar el Prado con Ugar, y protagonizar el telediario del mediodía. Para mi sorpresa, se portó estupendamente, y no soy capaz de describir lo orgulloso que me sentía mientras nos movíamos coordinados como un solo cuerpo por los pasillos del museo, esquivando a grupos de visitantes con sus guías y bajo la atentísima mirada de los vigilantes del museo. Lo cierto es que tampoco tenté a la suerte, y nos limitamos a las salas donde se exponían las pinturas negras de Goya.

Ni que decir tiene que esta vez le dedicamos un tiempo especial a *Perro semihundido*: quería ver si Ugar reconocía la cabecita de uno de los suyos asomando desde la base de la pintura. Obviamente, mi pequeño labrador chocolate estaba más interesado en las personas que pasaban y se detenían ante los cuadros que en cuadro alguno.

Sin embargo, mientras observaba aquella pintura de Goya, fui consciente de que, después del propio ser humano, los perros constituyen el animal más representado en obras de arte. Sin ir más lejos, en una sala cercana se encontraba el cuadro de *Las Meninas*, donde cientos de visitantes ven cada día a un hermoso mastín español posando tranquilamente junto a Mari Bárbola y a Nicolasito Pertusato.

La cuestión es que, si únicamente nos dejásemos guiar por las pistas que nos dejan el arte y la arqueología, deberíamos asumir que las razas de perro fueron creadas por el hombre en un pasado remoto. Sin embargo, actualmente disponemos de una disciplina científica, la genética, que nos dice precisamente lo contrario: que si bien algunas, como el akita inu o el xolo, son muy antiguas, la inmensa mayoría de las trescientas cincuenta y nueve razas de perro que hoy existen tienen un origen reciente. Y esto lo sabemos porque los investigadores han vuelto a recurrir a un tipo de ADN muy especial: el ADN mitocondrial.

Pero os preguntaréis, ¿cómo puede el ADN de nuestras mitocondrias informarnos del tiempo que ha transcurrido desde que una raza fue creada?

Seguro que podemos entenderlo al establecer una analogía con un juego con el que nos hemos divertido siendo niños: el teléfono escacharrado. Por si alguno no lo recuerda, este pasatiempo infantil consiste en que un jugador dice una frase al oído de otro, este, a su vez, susurra al siguiente lo que ha entendido, y así sucesivamente en una larga cadena de hablantes y oyentes. Lo divertido es comprobar la transformación que ha sufrido la frase original cuando la recita el último de los participantes. En principio, cuantas más personas intervengan en el juego, mayor será la diferencia entre la frase original y la final.

Algo similar sucede con el ADN mitocondrial, ya que de generación en generación aparecen pequeñas mutaciones aleatorias que alteran la secuencia de los nucleótidos que lo forman. Las modificaciones en la secuencia del ADN mitocondrial vienen a ser algo así como pequeños cambios en las palabras que forman una frase, y a estas variaciones de ADN mitocondrial se las denomina haplotipos.

Del mismo modo que sucede en el teléfono escacharrado, cuanto mayor sea el número de generaciones transcurridas, mayor será la cantidad de diferencias que acumulará el ADN mitocondrial original; es decir, mayor será la diferencia entre el haplotipo original y el final.

Si la hipótesis que defiende la antigüedad en el origen de las razas de perro estuviera en lo cierto, deberíamos encontrar haplotipos de ADN mitocondrial muy similares dentro de una misma raza y, a la vez, una enorme heterogeneidad de dichos haplotipos entre las diferentes razas de perro. Debemos tener en cuenta que la creación por selección artificial de una raza implica el cruce dirigido de sus individuos, excluyendo el patrimonio genético de otra raza. De modo que después de muchas generaciones cruzando pastores alemanes entre sí, su haplotipo debería ser parecido entre ellos, pero muy diferente al de, por ejemplo, un labrador o un border collie.

Bien, pues analizando el ADN mitocondrial de las diferentes razas de perro, los científicos han descubierto que no existe un haplotipo característico o distintivo de una raza en concreto, y que entre las diferentes razas existe muy poca variación. Esta doble evidencia, aun sabiendo que existen unas pocas razas antiguas, nos permite inferir que la mayoría de las razas de perro no han tenido un aislamiento reproductivo largo, siendo creadas por el hombre durante los últimos 200 años.

Ya, pero si la variación del ADN mitocondrial es muy pequeña entre las diferentes razas de perro, ¿en qué lugar del ADN se esconden los rasgos anatómicos y de comportamiento que diferencian claramente a un labrador retriever de un bichón o de un shar-pei?

Evidentemente, estas características no están codificadas en el ADN mitocondrial, sino en los genes del individuo, que ha recibido al 50% de cada uno de sus progenitores. Solo debemos saber que los genes, al igual que sucede con los testigos de un mismo suceso, pueden hablar sobre la misma historia, pero contar versiones diferentes.

A modo de ejemplo, el gen responsable de nuestro grupo sanguíneo (localizado en uno de los brazos del cromosoma 9) codifica una proteína que, como una etiquetadora de precios en un supermercado, marca la membrana de los glóbulos rojos y determina el grupo sanguíneo que poseemos. Esa es la historia que cuenta el gen, pero esta tiene tres versiones distintas, que podríamos denominar la versión A, la B o la 0.

Cada una de las versiones que tiene un gen se denomina alelo; así, el gen que codifica el grupo sanguíneo humano posee tres alelos. Y no creo que cause ninguna sorpresa si afirmo que los alelos surgen debido a mutaciones aleatorias, y que se mantienen o desaparecen en la especie por acción de la selección natural... o, en el caso de las plantas y los animales domésticos, por la intervención del ser humano.

La lengua azulada del chow-chow y los níveos rizos que adornan al bichón frisé, el minúsculo tamaño del grifón y la gigantesca materialidad del mastín español, la fuerza del malamute y la afinidad del labrador por el agua, la fidelidad del akita y la valentía del pastor alemán..., todas estas características se esconden en los alelos de diferentes genes. Alelos cuya frecuencia se ha visto incrementada en cada raza por obra de la selección artificial.

La imaginación que demuestra el ser humano con la invención de las razas de perro es comparable a la que manifiesta en sus creaciones artísticas. Soy de los que afirman que la crianza selectiva es una muestra más, y para nada secundaria, de nuestro ingenio. Ahora bien, existe una gran diferencia entre una pintura o una escultura y las razas creadas por el hombre. El arte posee una finalidad estética, crítica o espiritual, mientras que el ingenio en el diseño de razas de perro busca un objetivo, principalmente, instrumental. Pues, si bien es cierto que en algunos casos, como sucede con el leonberger o con el bedlington terrier, se ha tratado de simples y egoístas caprichos, en la mayoría de las ocasiones la creatividad ha estado vinculada a la funcionalidad. Históricamente, el ser humano ha seleccionado a aquellos especímenes que mejor se adaptaban a sus necesidades, y la aparición de ciertas novedades anatómicas que terminan por definir una raza en concreto solo surgen como consecuencia de esta selección.

Pongámonos en el lugar de los nativos que habitaban las costas del norte de Noruega hace 400 años, quienes, durante el crudo invierno que les impedía hacerse a la mar, veían los abruptos acantilados abarrotados de colonias de bulliciosos frailecillos. Estas curiosas aves constituían su principal recurso alimentario durante los meses que no se podía salir a pescar, y los lugareños, como muchas otras poblaciones humanas, vieron en los perros una herramienta que les facilitara su captura. Con aquellos perros que mejor trepasen por los acantilados y fueran más eficaces en la captura de los frailecillos llevarían a cabo una reproducción selectiva. Y así, continuando esta estrategia generación tras generación, conseguirían una raza de perros adaptada a la caza del frailecillo.

Esa raza de perro no es imaginaria, existe y se conoce como lundehund noruego, y, efectivamente, son unos estupendos cazadores de frailecillos* debido a que poseen una serie de rasgos anatómicos muy peculiares. El lundehund tiene seis dedos en cada pezuña, patas delanteras extraordinariamente flexibles, orejas que pueden plegarse completamente y un cuello capaz de curvarse hasta tocar con la espalda. Todas ellas son características que le facilitan la escalada por los acantilados y le permiten introducirse en las pequeñas madrigueras excavadas en la roca donde se ocultan los frailecillos.

Pero no nos confundamos. Los dedos supernumerarios o la flexibilidad de las extremidades delanteras y del cuello del lundehund no fueron rasgos anatómicos buscados y seleccionados deliberadamente por el hombre, al menos en un primer momento. Estas peculiaridades anatómicas aparecieron de forma indirecta (algo así como efectos colaterales) como consecuencia de elegir y cruzar selectivamente a aquellos individuos que se mostraban más aptos para atrapar a los frailecillos.

Cuando Ugar me da la patita para mostrarme cariño o pedirme alguna cosa (acción que los adiestradores de la ONCE me suplicaron que evitara enseñarle, y fue lo primero en que mis queridos alumnos lo instruyeron) también observo uno de esos rasgos peculiares que son consecuencia de la historia de su raza.

Ugar, al igual que todos los labradores y razas como el te-

* Seguramente los pocos lundehund que quedan seguirán siendo hábiles cazadores de frailecillos; sin embargo, al estar totalmente prohibida su caza en la actualidad, deben ocuparse de otros menesteres.

rranova o el otterhound, que se han creado mediante selección artificial para ser grandes nadadores, posee una nada despreciable membrana uniendo sus dedos. Está claro que la membrana interdigital, una cola gruesa en la base que va estrechándose hasta el ápice y que remeda a la de una nutria, y un pelaje que difícilmente se empapa, le facilitan la natación y le permiten desarrollar con eficacia la tarea original para la que los seleccionó el hombre. No obstante, estos rasgos no fueron elegidos conscientemente por nosotros. Nadie pensó: «Voy a cruzar perros hasta que tengan membranas interdigitales que desplacen más agua en cada manotada, y una cola como la de las nutrias para que haga de timón». Estos rasgos surgieron de mutaciones aleatorias que originaron nuevos alelos, los cuales, muy probablemente, habrían terminado por desaparecer si hubiéramos dejado obrar con libertad a la selección natural.

Aunque en la mayoría de las ocasiones las diferentes razas de perro han surgido como solución a una necesidad humana, existen algunas carentes de toda utilidad que han sido el resultado de un simple antojo del hombre. El inconveniente es que la selección artificial, como veremos a continuación, suele llevar aparejada una serie de problemas y trastornos de salud en los perros, que en estas razas creadas para el deleite humano son doblemente penosos e injustos.

Caprichitos humanos

Cuando te comprometes como familia educadora de un futuro perro guía sabes que vas a recibir el regalo de compartir tus días con un compañero estupendo, inteligente y muy cariñoso; pero también, y esto la primera vez ni lo imaginas, que va a exigir de ti y de los tuyos un esfuerzo considerable. Ugar es un perro que, como todos, comenzó rápidamente por adquirir las competencias más básicas: hacer sus necesidades en el pipicán, socializar con las personas y con otros perros, dejarse lavar y cepillar, o pasear tranquilamente de la correa junto a cualquier miembro de la familia. Sin embargo, un perro que además debe ser los ojos de una persona invidente precisa acostumbrarse a situaciones en que otros perros nunca se verán. Un futuro perro guía tiene que naturalizar los viajes en el transporte público y acomodarse tranquilamente a los pies del copiloto cuando va en el coche; aprender a comportarse en un cine, teatro, escuela, hospital o cualquier otro espacio al que los demás animales no pueden acceder; a no molestar a ningún cliente si acude con su dueño a un restaurante, o a no lanzarse de cabeza cuando lo acompaña a darse un chapuzón a una piscina pública.

Reconozco que Ugar ha sido un perro excepcional en todos los aspectos, demostrando poseer gran destreza para aprender. Pero también es cierto que en algunas ocasiones me ha metido en un buen lío al ceder a los impulsos que desencadena su gran debilidad: la comida. Desde que durante nuestro primer viaje en autobús engullese media cesta de la compra de la señora que viajaba en el asiento contiguo, hasta llegar a su cima devoradora con la tarta de nata y caramelo, con las cinco velas encendidas, que se sopló en el cumpleaños de mi sobrino, Ugar ha demostrado que su voraz apetito puede llegar a ser un problema. En realidad, se trata de un problema común a la mayoría de los labradores y del que en ningún modo podemos culparlos, pues los únicos responsables somos los propios seres humanos.

La estrategia que hemos empleado para crear las diferentes razas de perro ocasiona una radical disminución de la variabilidad genética. También la acumulación y la transmisión de genes defectuosos, que terminan provocando la aparición de anomalías en el comportamiento, enfermedades crónicas y malformaciones que complican y acortan la vida del animal.

El principal inconveniente que nos encontramos al crear razas de cualquier animal doméstico es que la selección artificial implica un elevado grado de endogamia, debido a que cruzar individuos emparentados que son poseedores de la característica que buscamos (color del pelaje, tamaño, temperamento...) prácticamente nos asegura que sus descendientes también la poseerán. La endogamia es una fantástica estrategia para fijar rápidamente una serie de rasgos anatómicos y conductuales entre un grupo de individuos y, de ese modo, conseguir un patrimonio genético estable que mantenga y defina una raza.

Sin embargo, el procedimiento de cruzar individuos emparentados se sustenta en una drástica disminución de la variabilidad genética: aumentamos la frecuencia de unos alelos en detrimento de otros, que incluso pueden llegar a desaparecer de la población. Como consecuencia, alelos relacionados con enfermedades o malformaciones, que se expresarían con una baja probabilidad dentro de una población heterogénea, lo hacen con mayor frecuencia entre los individuos de poblaciones endogámicas.

Para comprender el problema que engendra la endogamia, es necesario que sepamos que, entre los alelos de un determinado gen, unos se dicen dominantes y otros, recesivos. Un alelo dominante es aquel que siempre que aparece en el genoma de un individuo termina por manifestarse, mientras que un alelo recesivo solo se manifestará si su acompañante (no olvidemos que recibimos un alelo de cada progenitor) también es recesivo.

Analicemos ahora, ayudados por estos nuevos conceptos, un trastorno genético hereditario relativamente común: el albinismo oculocutáneo.

Como todos sabemos, el albinismo se produce por la incapacidad de las células de un organismo para fabricar una proteína llamada melanina, que es la responsable de pigmentar la piel, el pelo y el iris de los animales. Lo que probablemente desconozcamos es que dicha incapacidad se debe a una mutación producida en el gen *TYR** (que codifica una proteína llamada tirosinasa) situado en el cromosoma 11 en los seres humanos. De modo que el gen *TYR* tiene dos posibles alelos, el sano y el mutado, que se comportan de forma diferente: el alelo normal es dominante, mientras que el mutado es recesivo.

Así, para que un individuo sea albino, con todos los problemas de salud que ello lleva asociados, debe haber heredado el alelo mutado tanto de su padre como de su madre, ya que si solo recibe el alelo recesivo de uno de los progenitores, no manifestará la enfermedad. Como en muchas ocasiones, los datos son esclarecedores en este caso: se estima que una de cada setenta personas es portadora del alelo mutado para el gen *TYR*, pero tan solo una de cada cuarenta mil, que es poseedora de los dos alelos mutados, manifiesta la enfermedad.

---

* En realidad, en el albinismo oculocutáneo también pueden estar implicados otros genes diferentes al gen *TYR*.

Estos números cuadran cuando tenemos una población de buen tamaño que se reproduce aleatoriamente. Bajo estas circunstancias, la probabilidad de que un individuo reciba de sus progenitores los dos alelos dañados es muy baja.

Pero imaginemos que exista una intencionalidad en la selección de los individuos que apareamos (por ejemplo, cruzando parientes entre sí o utilizando un mismo progenitor para sucesivas generaciones), y que, debido al azar, algunos de ellos, aun estando sanos, porten el alelo mutado. En este caso la probabilidad de que dos alelos recesivos se encuentren en un mismo individuo aumenta exponencialmente, y la prevalencia que presentará el trastorno genético hereditario en esa población lo hará de igual modo.

Mas sería un error responsabilizar únicamente a la endogamia de toda la posible pérdida de diversidad genética que afecta a una población. Existen otros factores que la reducen de igual modo, y particularmente uno de ellos, conocido como el efecto fundador, ha desempeñado un papel muy relevante en el origen de las razas de perro.

Para entender la importancia del efecto fundador en el empobrecimiento genético de una población, vamos a ponernos en la piel de uno de aquellos naturalistas del siglo XVII que traían a Europa plantas y animales exóticos procedentes de remotos lugares.

Imaginemos que nuestro naturalista ha desembarcado en una selva tropical buscando especímenes para uno de los gabinetes de curiosidades que proliferaban por entonces. En su recorrido por la selva observa un grupo de loros de variadísimos colores: loros amarillos, loros rojos, loros azules, loros verdes..., en fin, loros de todos los colores imaginables. En su ansia de conocimiento quiere llevarse al menos uno de cada color, pero el capitán del barco, como si de Noé con su arca se tratara, solo le deja subir a bordo un loro de cada sexo. De modo que elige un macho verde y una hembra roja, y los traslada hasta el viejo continente. Allí nuestros Adán y Eva emplumados tienen una larga existencia que les permite conocer varias generaciones de loritos, todos ellos sus descendientes y todos ellos de plumaje verde o rojo. Los loros secuestrados han fundado una nueva población que solo posee una minúscula parte de la diversidad genética de la población original que habitaba en la selva.

Volviendo sobre las razas de perro, en el origen de todas ellas ya existe un pequeño efecto fundador que contribuyó a la disminución inicial de la diversidad genética de la especie; basta con declarar que hemos descubierto que todas las razas proceden de un restringido número de machos. Mas un segundo, y radical, efecto fundador se hizo sentir con fuerza en aquellas razas de perro que casi desaparecieron durante la Segunda Guerra Mundial. Razas que hubieron de ser recuperadas a partir de un pequeñísimo número de individuos supervivientes, como sucedió, entre otras, con el bichón frisé o con el akita inu.

Ahora bien, aunque podemos achacar la acumulación y la transmisión de genes defectuosos al efecto fundador (cuyo origen no deja de ser azaroso), la endogamia, que es intrínseca a la selección artificial dirigida por el hombre, se alza como la principal responsable de este suceso. De esta forma, el origen del exagerado apetito que tiene Ugar, y, en general, de la mayoría de los labradores retriever, debemos buscarlo en el alelo mutado de un gen, que ha ido aumentando su frecuencia en el genotipo de estos animales debido a la consanguinidad.

Recientes investigaciones han descubierto uno de los genes implicados en el hambre insaciable que caracteriza a los labradores: el gen *POMC*, que codifica una proteína vinculada con la regulación del apetito. El gen POMC presenta un alelo normal y otro mutado. Este último surgió en algún momento debido a la pérdida de parte de los nucleótidos que constituyen el alelo normal. Aunque todavía no se ha elucidado el mecanismo, sabemos que la presencia del alelo mutado del gen *POMC* intensifica el apetito de los labradores y causa, si no se controlan estrictamente las cantidades de alimento que ingiere, sobrepeso en el animal.

Curiosamente, la aparición del alelo mutado en el genoma del perro no solo aumenta las probabilidades de que el animal tenga sobrepeso, sino también las de ser elegido para acompañar a una persona ciega. Los investigadores descubrieron el alelo mutado del gen *POMC* en el genoma de casi todos los perros guía que analizaron, pero solo en unos pocos de los labradores retriever que ejercían como simples mascotas. La explicación parece sencilla: el insaciable apetito de los labradores con el alelo mutado les hace más predispuestos al aprendizaje mediante recompensas alimentarias.

La selección artificial basada en la endogamia, que ha permitido que Ugar sea un animal dócil y con gran destreza en el medio acuático, ha sido responsable de la aparición de características anatómicas peculiares, como una membrana interdigital muy desarrollada o una cola similar a la de las nutrias. Pero también ha acarreado una serie de efectos indeseados, como la predisposición de los labradores a padecer sobrepeso y displasia de cadera. Tan elevada es la frecuencia de ambas afecciones, que todos los futuros perros guía deben pasar por una revisión al cumplir el año para descartar una posible malformación en la cadera. Además, durante toda su vida, desde que son cachorritos hasta que se jubilan, su alimentación debe ser controlada estrictamente.

No obstante, las anomalías que manifiesta Ugar como consecuencia de la selección artificial llevada a cabo por el ser humano no se limitan a los labradores retriever; son habituales en todas y cada una de las razas de perro que hemos creado. El teckel es una raza que se conoce desde la Edad Media, creada mediante cruces entre sabuesos con el objetivo de obtener un animal adecuado para cazar bajo tierra. La selección artificial consiguió tres variedades: el teckel de pelo corto, de pelo largo y de pelo duro; todas ellas dotadas de un cuerpo musculoso, compacto y alargado con unas patas minúsculas que, sin duda, lo hacen muy adecuado para la caza en el interior de madrigueras subterráneas, pero también para sufrir trastornos relacionados con la columna vertebral.

Y es que lo que los humanos hemos conseguido con el teckel es crear una raza condrodistrófica, perros que presentan un tipo de enanismo caracterizado por el crecimiento anormal de los cartílagos y los huesos. Por lo tanto, no debe sorprendernos que el 19% de los teckel desarrollen a lo largo de su vida una patología conocida como enfermedad del disco intervertebral, que es la causa más común de disfunción neurológica en los perros.

La selección dirigida por el hombre en el tamaño de los huesos, en este caso de los del cráneo, también es responsable de los sufrimientos del pequeño cavalier King Charles spaniel. Esta graciosa y simpática raza tiene su origen en una extraña decisión que, allá por el siglo XI, tomase Canuto el Grande, rey de daneses, noruegos y británicos. No se sabe muy bien el porqué, pero el caprichoso rey prohibió la participación en eventos cinegéticos de cualquier perro cuya cabeza no cupiese por un círculo de unas diez pulgadas de diámetro, lo que impulsó en sus dominios la creación de razas tipo spaniel de pequeño tamaño que pudieran ser utilizadas en la caza.

Entre ellas surgió el cavalier King, que, con su minúscula cabecita, enormes orejas caídas y ojitos tristones que derretirían a cualquiera, se convirtió en el capricho de las damas de la corte. Carlos II de Inglaterra era un ferviente devoto de esta raza; dicen que ponía en sus jardines carteles de «cuidado con el perro», no para avisar de su peligro, pues son muy mansos y amigables, sino para que nadie los pisara en un descuido. De la afición que por ellos tenía tan insigne monarca deriva el nombre con el que hoy conocemos la raza, y del pequeño tamaño de su cráneo, una afección neurológica llamada siringomielia que les provoca intensos dolores.

Podría continuar páginas y páginas describiendo las alteraciones morfológicas, fisiológicas y de comportamiento que lastran la existencia de la inmensa mayoría de las razas de perro, ya que incluso aquellas con una mayor diversidad genética (como sucede con los dálmatas y la sordera neurosensorial congénita canina que muchos mantienen de un antepasado que vivió hace unos 500 años) siguen manifestándolas. Sin embargo, ahora solo quiero focalizar vuestra atención en los enormes problemas que tienen algunas razas concretas que han sido concebidas debido a un capricho humano. E imagino que, después de todo lo que hemos conocido, pensaréis que todas las razas de perro han surgido de la excentricidad humana.

Bien, pues llegados a este punto tengo que disentir: considero que el hecho de crear razas que presentan una utilidad para el hombre, sea para la búsqueda y el rescate de desaparecidos, la custodia y guía del ganado, la caza o la protección de posesiones humanas, etcétera, no es ningún capricho. Ahora bien, que al señor Heinrich Essig, gobernante de la ciudad germana de Leonberg, se le metiera en la cabeza cruzar diferentes razas de perros gigantes, como terranovas, mastines y sambernardos, hasta conseguir una raza de perro que se pareciese al león que figura en el escudo de la ciudad solo se puede considerar un estúpido capricho.

Como consecuencia de este extravagante experimento nacieron en 1846 los primeros cachorros de leonberger, una raza de preciosos y gigantescos perros con cierto parecido a un león. El leonberger, a diferencia del enorme y salvaje felino, se muestra especialmente amistoso con los niños, pero manifiesta una elevada prevalencia de diferentes tipos de cánceres, trastornos neurológicos e hipotiroidismo causados por la pérdida de diversidad genética. En este caso en concreto, los niveles de endogamia son muy elevados debido a lo que se denomina «padre popular»: un mismo perro que por poseer las características deseadas se utiliza reincidentemente como padre de múltiples generaciones, y que ha provocado que en tan solo una década y media la esperanza de vida de estos perros disminuya de los 9,4 a los 7,7 años.

Y si se nos ha antojado crear un perro con semblante de fiera de la sabana, ¿por qué no otro con aspecto de tierno corderito?

En las zonas mineras que separan Inglaterra de Escocia se creó una raza de terrier de pelo lanudo, con la cabeza en forma de cuña coronada por un mechón de aspecto sedoso, cuya apariencia imita a la de un cordero. Se trata del bedlington terrier, una raza inteligente, valiente y tenaz que, se cree, procede de la hibridación del terrier inglés blanco (una raza ya extinta) con el otterhound y, posiblemente, con otra variedad de terrier, el Dandie Dinmont terrier. En esta ocasión el capricho humano ha engendrado un perro precioso y de buen carácter, pero que padece con frecuencia una rara afección hereditaria conocida como toxicosis por cobre canina.

El cobre es un elemento químico que todos los mamíferos necesitamos para el correcto funcionamiento del metabolismo y del sistema inmunológico, y desempeña un papel fundamental en el transporte de hierro en la sangre. Sin embargo, la acumulación de cobre en el hígado, muy frecuente entre los bedlington terriers debido a un alelo recesivo mutado que codifica una proteína que en condiciones normales lleva a cabo la excreción del metal, desencadena una enfermedad crónica y, habitualmente, mortal.

Resulta sorprendente que la toxicosis por cobre canina tenga bastantes similitudes con la enfermedad de Wilson, también relacionada con la acumulación de cobre en el organismo, que padecen algunos seres humanos. Observaciones de esta naturaleza han abierto la puerta a la posibilidad de desentrañar el origen de algunas de nuestras enfermedades genéticas más raras, investigando aquellas que, como consecuencia de la endogamia y el efecto fundador, proliferan entre nuestros mejores amigos.

En realidad, la investigación de enfermedades humanas empleando modelos animales es una estrategia que los científicos llevan utilizando desde hace mucho tiempo, y que ha resultado fundamental para conocer y tratar una enorme variedad de enfermedades en humanos y animales. Sin embargo, el método de investigación del que estoy hablando no tiene nada que ver con el procedimiento clásico de utilizar a los perros a modo de conejillos de Indias, al que me opongo rotundamente. Más bien consiste en analizar el patrimonio genético de nuestros compañeros en busca de mutaciones que permitan, por comparación, elucidar el origen de algunas de las afecciones de origen genético que tenemos los seres humanos.

La circunstancia accidental de aprovechar el conocimiento que nos brindan las alteraciones genéticas que lastran la existencia de algunas razas de perro en modo alguno justifica el sufrimiento que soporta el animal. Desde un punto de vista ético, no es justificable la continuidad de razas cuya cría selectiva engendra animales condenados desde su nacimiento a un sufrimiento innecesario y cruel. Este tipo de maltrato animal puede parecernos cosa del pasado, o entenderse limitado a un número ínfimo de razas atípicas como el leonberger o el bedlington terrier. Pero estamos muy equivocados: el bulldog francés e inglés, el boston terrier o el pequeño carlino son razas cada vez más demandadas, cuyos individuos soportan graves problemas de salud que lastran su existencia por causa del capricho de algunos humanos.

Las razas braquicéfalas, caracterizadas por hocicos cortos, caras chatas, ojos grandes y cuerpos menudos y rechonchos, disponen de todo un arsenal de rasgos neoténicos que encajan a la perfección en el esquema infantil de Konrad Lorenz. Según el famoso etólogo, existen unas determinadas características físicas en los cachorros de casi cualquier especie de mamífero que desencadenan una respuesta afectiva y de cuidado en los adultos.

Estos rasgos, precisamente los que hemos seleccionado en las razas braquicéfalas como el bulldog o el carlino, provocan que en el observador se activen regiones del cerebro relacionadas con el procesamiento de la recompensa (de modo similar a cuando paladeamos una onza de chocolate o bebemos un vaso de agua fría para aplacar la sed), se desencadene una sensación de ternura y se estimulen los músculos faciales asociados con la sonrisa. Efectos neurológicos, psicológicos y anatómicos responsables de que estos animales nos parezcan monísimos y tendamos a achucharlos, cuidarlos y protegerlos.

La preferencia humana por perros con rasgos faciales de bebé no parece algo novedoso. En una necrópolis romana de la desaparecida ciudad de Tralleis (en la actual Turquía) se descubrió un cráneo perteneciente a un perro braquicéfalo datado en más de 2.000 años de antigüedad. Sin embargo, en la actualidad, en una sociedad donde prima la apariencia y el postureo en las redes sociales, la demanda de estas razas ha crecido exponencialmente. En los Estados Unidos de América, el bulldog francés es ya la raza de perro más popular, desbancando al labrador retriever, que había sido el dueño absoluto durante más de tres décadas. En el Reino Unido ya alcanza el tercer lugar, y en España, sin datos claros, cada vez es más frecuente cruzarnos en el parque con alguna de estas razas.

La selección artificial, que ha permitido la obtención de razas con unos rasgos faciales tan extremos, también ha provocado la aparición de multitud de alteraciones anatómicas en estos pobres animales. La más frecuente es el síndrome braquicefálico obstructivo de las vías respiratorias (SBO), que se caracteriza por fosas nasales estrechas, un paladar blando demasiado largo, que obstruye la glotis, y una tráquea excesivamente estrecha. En definitiva, una alteración limitante que dificulta drásticamente la respiración en estos animalitos.

Pero el SBO no es, ni de lejos, la única tara que arrastran los perros de razas braquicéfalas durante toda su existencia. Trastornos del sueño, hipertensión, reflujo gastroesofágico y una enorme variedad de alteraciones oculares son afecciones muy frecuentes en estos individuos. El carlino, por ejemplo, presenta un riesgo cincuenta veces mayor de padecer SBO y estrechamiento de las fosas nasales, y tiene casi quince veces más predisposición a la ulceración corneal y la dermatitis de los pliegues cutáneos que cualquier otra raza de perro.

Después de todo, parece que nosotros somos los responsables de las características que manifiestan nuestros compañeros de cuatro patas, y que los distinguen de cualquier otra especie. Desconozco si existe, o si ha existido, algún dios engendrador de todo lo que vemos, pero de lo que estoy plenamente convencido es de que los perros han tenido un creador, un arquitecto de lo más terrenal. El perro ha sido forjado a imagen y semejanza de las necesidades y los caprichos de su hacedor. ¡Claro que Cuatropatas acompaña siempre a Kipling!, del mismo modo que Ugar y Rulo me siguen adonde quiera que vaya, pues para ellos, nuestros amigos inseparables, no dejamos de ser dioses creadores a los que veneran.

Ahora, cuando veo a Ugar saltar como loco tratando de atrapar el agua que rocían los aspersores, sé que ese comportamiento está escrito a fuego en sus genes, como lo estaba en sus antepasados que recogían peces de las redes en la península de Labrador o recuperaban el cadáver de un pobre pato abatido por un cazador. También sé que este rasgo tan curioso, como muchos otros de los que presenta mi perrito chocolate, se deben a la selección artificial que con ellos hemos llevado a cabo los seres humanos. Y así se lo intenté hacer saber a mis vecinos para justificar el estado en que Ugar había dejado el césped de la piscina después de jugar con los aspersores. Bueno, a tenor de la carta que acabo de recibir del administrador de la comunidad, a ellos este argumento no les convenció.

Su siervo, este perro

Kipling

POR FAVOR, ¿PUEDO PASAR? Soy Botas. Hijo de Kildonan Brogue, Campeón de la Reserva, M.R. (muy recomendado), perro finísimo, muy bueno, y sin trucos de salón —con estilo, dice mi Amo—, salvo que sé sentarme y poner las patas sobre la nariz. Eso se llama «hacer súplica». ¡Mira! Lo hago porque quiero, no porque me lo manden. Este es mi Piso en la ciudad. Vivo aquí con mi propio Dios. Os cuento.

I

Doy paseos por el parque con correa. También sin correa, cuando llegamos al césped. Hay otro perro, como yo, sin correa. Pregunto: «¿Nombre?». Dice: «Pantuflas». Pregunta: «¿Nombre?». Digo: «Botas». Responde: «Soy perro bueno. Tengo mi propia Diosa. Se llama Srta.». Yo digo: «Soy perro muy bueno. Tengo mi propio Dios. Se llama Amo». Hay vueltas en círculos, de puntillas. Hay pelea. Casi una buena paliza. El Amo dice: «¡Lo siento! ¡Muy arrepentido! Es toda culpa mía». La Srta. de Pantuflas dice: «¡Lo siento más! También es culpa mía». Amo dice: «Qué bueno. Que sea culpa de los dos. Bonito perro, Pantuflas». La Srta. de Pantuflas dice: «¿De verdad lo cree?». Entonces yo hago mi «súplica». La Srta. de Pantuflas dice: «Qué perrito tan dulce, Botas». Otra vez paseo con correa, caminando Pantuflas y yo detrás de nuestros propios Dioses, por mucho, mucho rato. Pantuflas no es un perro malo. Se parece mucho a mí. «Hacen buena pareja» dice el Amo. Luego hay más paseos por el Parque. Pantuflas y su Srta. también están allí. Los Dioses caminan juntos, como si llevaran correa. Nosotros vamos detrás. Estamos cansados. Bostezamos. Nuestros propios Dioses no miran. Nuestros propios Dioses no oyen... Pusieron lazos blancos en nuestros collares. No nos gustan. Los hemos arrancado. Malos para comer...

II

Ahora vivimos en Lugar en el Campo, cerca del Parque, con muy buenos olores. Estamos todos aquí. ¡Mirad, por favor! Cuento patas. Están las mías y las de mi propio Dios, Amo. Están las de Pantuflas y las de su propia Diosa, la Srta. de Pantuflas. Esas son todas mis patas. Pero también están las de Adar. Las de Cocina. Las de James con la jaula que se mueve. Están las de Harry con Pala. Esas son todas patas de Pantuflas. No puedo contar más. Aunque están las de las Criadas, las de Hombre Extraño, las de Cartas, de Telegramas, del Carnicero y de Gente. Y está la Gata de Cocina que corre por el muro. ¡Mala! ¡Mala! ¡Mala!

Por la mañana, Adar desata y cepilla. Hay que subir deprisa las escaleras, pasando junto a Galleta, y pedir a los Dioses que bajen a desayunar. Hay que tumbarse bajo la mesa, uno en cada extremo, con la cabeza sobre los pies de los Dioses.

A veces se dan cosas debajo de la mesa, pero «nunca se debe mendigar». Después del desayuno hay que cazar a la Gata de Cocina por todo el jardín, hasta el muro. Ella trepa. Nos sentamos debajo y cantamos. Luego hay que esperar a que los Dioses salgan de paseo. Si no llevan nada sobre la cabeza, es solo una vuelta por el jardín, y «¡aléjense de las flores, los dos!». Si está mojado, somos alfombras junto al fuego, y «¿quién dijo que podíais sentaros en las sillas, Hombrecillos?». Siempre estamos con nuestros Dioses; mi propio Amo y su propia Srta. Somos perros muy buenos. Hay un Perro Alto, de muy lejos, que viene a veces entre los laureles y mira. Lo hemos pillado por nuestro propio cubo de basura. Le dijimos: «¡Vuelve y juega!». Pero se fue. Tiene las patas torcidas. Y las orejas onduladas. ¡Pero es más grande que yo!

III
Agosto de 1923

Por favor, siéntate. Te contaré sobre los Tiempos y los Tiempos más largos, uno a la vez. Y diré cosas buenas y cosas malas.

Al principio de los Tiempos. Dimos un paseo con nuestros Dioses y una cesta de cosas para comer como cerditos cuando nos sentamos. Fue un paseo muy largo. Comimos mucho. Luego hubo conejos que no quisieron quedarse quietos. Los cazamos. Oímos un canto triste en el bosque. Fuimos a mirar. Allí estaba Perro Alto de muy lejos, cantándole a un agujero en la ribera. Dijo: «He estado aquí mucho tiempo y ya no sé dónde estoy». Le dijimos: «¡Sigue nuestras colas!». Nos siguió hasta nuestros Dioses. La Srta. dijo: «¡Oh, pobre y gigante bebé!». El Amo dijo: «¿Qué demonios hace aquí el cachorro de Kent?».

El Perro Alto daba tumbos y hablaba poco. Se dijo: «Dale lo que queda». Lamió manos. Volvimos todos a Casa, por los campos. Contó que había jugado con la ropa tendida, porque se movía como colas. Dijo que un perro viejo, con dientes negros, vino y le dijo que lo haría crecer y que se convertiría en sabueso si iba con él. Así que se fue. Encontró un hermoso olor. El perro viejo le dijo que pusiera la nariz en la tierra y descifrara. Descifró mucho tiempo con el perro viejo. Había un campo lleno de ovejas que cuidar y el olor hermoso se acabó. El perro viejo se enfadó y le dijo que siguiera. Pero llegó la Gente gritando. El Perro Alto corrió al bosque. El perro viejo dijo que, si esperaba allí el tiempo suficiente, crecería y se convertiría en sabueso, y que le vendría bien aprender a encontrar el camino a Casa, porque tendría que hacerlo casi toda su vida, si era tan estúpidamente tonto como para creerse todo eso. El perro viejo se fue. El Perro Alto esperó a que volviera el olor hermoso. Se hizo noche. No sabía dónde estaba su casa. Cantó lo que nosotros oímos. Estaba muy arrepentido. Es un perro bastante nuevo. Dice que se llama Maldito Cachorro. Después de mucho tiempo, llegaron olores que conocía. Pasó la cerca y corrió a su casa. Dijo que esperaba a un Buen Castigo.

Tiempo después de eso. La Gata de Cocina se sentó sobre el muro. Cantamos. Ella dijo: «Nuestros Dioses se marchan». Pantuflas dijo: «Vuelven a la hora de las galletas». La Gata de Cocina dijo: «Esta vez se van y nunca volverán». Pantuflas dijo: «Eso no es verdad». La Gata de Cocina dijo: «Subid a la parte de arriba de la Casa y mirad qué hace Adar con las jaulas que se cierran».

Subimos. Estaban Adar y las jaulas que se cierran. Las llenaba con cosas de los pies y de las cabezas de los Dioses. Bajamos las escaleras. No entendíamos. La Gata de Cocina seguía en el muro y dijo: «Ahora habéis visto que nuestros Dioses se van. Esperad a que las jaulas estén colocadas detrás de la jaula más grande que se mueve y que nuestros Dioses entren. Entonces lo entenderéis todo». Pantuflas dijo: «¿Cómo sabes que eso será así?». La Gata de Cocina dijo: «Porque soy Gato. Vosotros sois Perros. Cuando hacéis cosas, miráis a nuestros Dioses por un golpe o un mimo. Os arrastráis por turnos. Decís: "Por favor, seré bueno". ¿Qué haréis cuando nuestros Dioses se vayan y nunca vuelvan?». Pantuflas dijo: «Te morderé cuando te atrape». La Gata de Cocina dijo: «¡Alcánzame!».

Ella corrió por el muro directo a Cocina. Fuimos detrás. Estaban Galleta y la escoba. La Gata de Cocina se sentó en la ventana y dijo: «Mirad a Galleta. A veces Cocina gorda. A veces Cocina delgada. Pero siempre mi Cocina, aunque yo nunca sea Gata de Cocina. Vosotros siempre debéis tener a nuestros Dioses con vosotros. Si no, todo irá mal. ¿Qué haréis cuando nuestros Dioses se vayan?». No estábamos felices. Entramos en Casa. Pedimos a nuestros Dioses que no se fueran para nunca volver. Ellos no entendieron...

IV

Tiempo después. Nuestros Dioses se fueron en la jaula que se mueve, con las jaulas que se cierran detrás. ¡Y la jaula volvió a la hora de las galletas, pero sin los Dioses! Fuimos por toda la Casa buscándolos. La Gata de Cocina dijo: «¿Ahora lo veis?». Miramos por todas partes. No había nadie. Llegaron unas Personas llamadas Carpinteros. Están haciendo una casita dentro de la Gran Casa. Está Cartas hablando con Adar. Está Carnicero hablando con Cocina. Todos hablan. Todos dicen: «Pobrecitos». Y se van.

Algún Tiempo después. Esa noche, el Plato Brillante brilló arriba de nuestras jaulas y nos hizo cantar. Cantamos: «¿Cuándo volverán nuestros Dioses?». Adar miró desde el piso de arriba y dijo: «Parad o bajaré». Nos callamos. Pero el Plato Brillante brilló aún más. Cantamos: «Seremos buenos cuando los Dioses vuelvan». Adar bajó. Hubo azotes. Somos unos pobres perritos. Vivimos en el Lugar Exterior. A nadie le importamos.

V

En otros Tiempos. Me encontré con ese Perro Alto y lejano, de pies grandes. No se llama Maldito Cachorro. Se llama Devastador, hijo de Regan. Parece que no tiene su propio Dios, porque pasa el rato jugando con una botella y esperando convertirse en Sabueso. Vive al otro lado del Parque, en Paseo, con unas personas horribles llamadas Gente del Señor Kent. Fui a Paseo. Había buenos olores, cachorros de cerditos y un cubo lleno de cosas viejas y ricas. Devastador dijo: «¡Come todo lo que quieras!». Es buen perro. Comí mucho. Devastador metió la cabeza en el asa del cubo. No podía sacarla. Cayó de espaldas y cantó. Cantó: «Tengo miedo». Vino Gente corriendo. Me fui. Fui a un lugar oscuro llamado Lechería. Había mantecas y cremas. Llegó más Gente. Salí por una ventanita. Vomité dos veces antes de poder correr rápido. Volví a mi propia jaula y me tumbé. Después vinieron esas Personas llamadas Gente del Señor Kent. Uno dijo a Adar: «Esa pequeña bestia negra es malo, un ladrón». Adar dijo: « ¡Tonterías! Está dormido». Pantuflas vino y dijo: «Ven a jugar». Yo dije: «Ve a Paseo y juega con Devastador». Pantuflas salió. Las Personas pensaron que Pantuflas era yo. Pantuflas volvió rápido a casa. «Soy perro muy bueno, ¡pero el Amo no ha vuelto!».

VI

Más Tiempos después. Fui Perro Malo. Perro Muy Malo. Fui: «¡Fuera, pequeño demonio sucio!». Encontré una porquería en el camino. ¡Me gustó! ¡Me revolqué en ella! ¡Estuvo bien! Volví a Casa. Estaban Cocina y Adar. Dijeron: «No te acerques a nosotros». Estaba James con la jaula que se mueve. Dijo: «¡Ven aquí, comadreja!». Me levantó. Me lavó con jabón y con agua pegajosa de la jaula que se mueve. Frotó todo mi pelo. Quedé atado. Olía muy mal para mí mismo. Vino la Gata de Cocina. Yo dije: «¡Vete! ¡Soy Perro Malo y Sucio! ¡Soy Verdadero Pez Apestoso!». La Gata de Cocina dijo: «Ese no eres tú. Eres malo porque nuestros Dioses no vuelven. Eres uno de los que no pueden portarse bien si los Dioses no los acarician».

VII

Otros nuevos Tiempos. Me hice gran amigo de Devastador. Pantuflas y yo hemos ido a cazar Gallina a Paseo. Había una Gallina loca, con sus cachorros pollo. Mordió a Pantuflas dos veces, con el pico, bajo el ojo. Fuimos por un camino. Allí estaba una Señora Cerda con sus cachorros. Fuimos por otro. Allí estaba una Gente del Señor Kent con un palo de golpes. Fuimos por más caminos, muy deprisa. Encontramos una cabeza de pescado sobre un montón de cosas viejas pero buenas. Allí estaba Devastador. Fuimos todos a jugar. Había cachorros de Vaca en el campo. Corrieron detrás de nosotros. Pasamos por debajo de la puerta y nos escapamos. Ellos siguieron corriendo hasta que se cansaron. Se dieron la vuelta. Salimos otra vez. Volvieron a correr detrás. Jugamos mucho tiempo. Fue divertido. La Gente del Señor Kent y más Personas vinieron gritando nombres horribles. Dijimos a Devastador: «Nos volvemos a Casa». Devastador dijo: «Yo también». Corrió por el campo. Nosotros volvimos por zanjas pequeñas. Jugamos con ratas de campo en el césped. Las Personas de las Vacas vinieron y dijeron a Adar: «¡Esos dos pequeños demonios han estado persiguiendo a los terneros!». Adar dijo: «¡Avergüéncense! ¡Mírenlos! ¡Buenos como el oro!». Esperamos a que las Personas se fueran. Pedimos azúcar. Adar nos dio. Devastador vino entre los laureles. Dijo: «He recibido un Buen Castigo. ¿Vosotros?». Dijimos: «Azúcar». Él dijo: «Sois perros muy buenos. Tengo hambre». Yo dije: «Te daré mi hueso de reserva, enterrado. Come con ganas». Cavó. Le ayudamos. Vino Harry con Pala. Devastador pasó entre los laureles como la Gata de Cocina. Recibimos Buen Castigo y atadura por cavar... Cuando somos malos, hay azúcar. Cuando somos buenos, hay golpe, golpe. Una misma verdad que corre por dos caminos equivocados...

VIII

Harry con Pala trajo un Ratón. «¡Mira, por favor! ¡Por favor, mira! ¡Yo soy un Perro de verdad! Maté a Ratón. ¡Maté un Ratón! Me mordió la nariz, pero yo lo mordí otra vez. Lo mordí hasta que murió. ¡Lo sacudí muerto!». Harry dijo: «¡Buen chico! ¡Nacido para cazar ratas!». Soy perro muy bueno de verdad. La Gata de Cocina se sentó en el muro y dijo: «Así no eres tú. Lo mataste para complacer a un Dios». Cuando mis patas crezcan, mataré a la Gata de Cocina como a las ratas. ¡Mala! ¡Mala! ¡Mala!

IX

Poco Tiempo después. Fui a Paseo para contarle a mi amigo Devastador lo de mi Ratón y encontrar más cosas que matar. Devastador dijo: «Hay Oveja para mí, y hay Gallina para mí, pero no había Toro para mí. Ven al Parque a jugar con el Toro del patio». Pasamos por debajo de la puerta del Toro, en su patio. Devastador dijo, «Está demasiado gordo para correr». «¡Habla!», yo dije. El Toro dijo. Devastador dijo. Pantuflas dijo. Me metí bajo el abrevadero y dije cosas horribles. El Toro sopló con la nariz. Salí por la cerca y volví por otro agujero. Devastador dijo desde el otro lado del patio. El Toro giró. Volvió a soplar. Estaba demasiado gordo. Fue divertido. Oímos al Señor Kent gritar muy fuerte. Volvimos a Casa por el Parque. Devastador dijo que era un Verdadero Perro Deportivo, salvo por mis patitas pequeñas.

X
Octubre de 1923

Los Tiempos Malos han muerto. ¡Siéntate! ¡Siéntate ahora! ¡Te cuento! Ha habido lavados y collares de Domingo. Los Carpinteros se han ido y dejaron una Casita nueva dentro de la Gran Casa. Hay una jaula muy pequeña que se mueve dentro de esa Casita. Adar nos mostró. Fuimos a la Casa de James. Se había ido con la jaula que se mueve. Fuimos a la puerta principal. ¡Oímos! ¡Vimos! ¡Nuestros Dioses (Amo y Srta.) volvieron! Hablamos. Bailamos. Nos revolcamos. Corrimos en círculos. Fuimos a tomar el té, con las cabezas sobre los pies de nuestros Dioses. Hubo tostadas con mantequilla dadas bajo la mesa, y dos de azúcar para cada uno...

Oímos nuevas Personas hablando en la Gran Casa. Una Persona decía: «¡Agu! ¡Agu!». Muy pequeño, como cachorro de gato. Otra Persona decía: «¡Adiós! ¡Adiós!». Pedimos a nuestros Dioses que nos lo mostraran. Subimos a la Casita. Adar daba tazas de té a una Nueva Persona, más gruesa que Adar, llamada Enfermera. Había un ruidito muy pequeño dentro de la jaulita que se mueve. Decía: «¡Uaaa! ¡Uaaa!». Miramos dentro. Adar sostenía collares. Había Persona muy pequeña. Abría la boca, pero no tenía dientes. Movía las patas. Besé a una. Pantuflas también besó. Enfermera dijo: «¡Cuidado, mamá!». Ambos Dioses se sentaron junto a la Persona más pequeña. Dijeron y dijeron. Besaron las patas. La Persona más pequeña habló muy fuerte. Enfermera dio comida en una botella. Golpeamos la cola en el suelo, pero dijeron: «No para vosotros, golosos». Bajamos a cazar a la Gata de Cocina. Corrió hasta el manzano. Le dijimos: «Nuestros Dioses han vuelto con una Persona nueva más pequeña, en una jaulita que se mueve». La Gata de Cocina dijo: «Eso no es solo Persona. Eso es Lo Más Amado de nuestros Dioses. Ahora vosotros sois perritos sucios. Si habláis demasiado fuerte conmigo o con Cocina, despertaréis a Persona más pequeña y habrá Buen Castigo. Si os rascáis, Enfermera dirá: "¡Pulgas!", y habrá más Buen Castigo. Si entráis mojados, provocaréis estornudos. Entonces os empujarán a Lugares Vacíos: Patios, Escobas, Pasajes Fríos». Pantuflas dijo: «Vamos a nuestra jaula y nos tumbamos». Fuimos y lloramos.

Oímos a nuestros Dioses caminar por el jardín. Dijeron: «Qué bueno estar en Casa otra vez, pero ¿dónde están los Hombrecillos?». Pantuflas dijo: «Quedaos quietos, o nos empujarán a Lugares Vacíos». Nos quedamos quietos. La Srta. llamó: «¿Dónde está Pantuflas?». El Amo llamó: «¡Botas, bribón!

¡Hola, Botas!». Nos quedamos quietos. Nuestros Dioses entraron al patio y nos encontraron. Dijeron: «¡Oh, ahí estáis! ¿Pensasteis que os olvidaríamos? Venid a pasear». Fuimos. Hablamos suave. Nos revolcamos ante sus pies, pidiendo no ir a Lugares Vacíos. Hice una Súplica. La Srta. dijo: «¿Quién iba a pensar que se lo tomarían así, pobres Hombrecillos?». El Amo lanzó muchos palos. Los recogí y los traje. Pantuflas entró con la Srta. Salió corriendo. «¡Rápido! La Más Pequeña está siendo lavada». Corrí como conejo. La Más Pequeña no tenía nada en los pies ni en medio. La Enfermera la lavó y frotó y le puso cosas por todas partes. Besé sus patas traseras. Pantuflas también. Ambos Dioses dijeron: «Mirad, le hace cosquillas. Ríe. Sabe que todo está bien». Luego hubo más besos y más palabras. Después, cena. Cabezas sobre los pies bajo la mesa. Muchas cosas dadas. Una fue riñón. Dos fueron queso. Sí que somos perros muy buenos.

Capítulo 3

Husmeando realidades

KIPLING, COMO CONTINUAMENTE HACEMOS todas las personas que vivimos junto a un perro, se cuestionaba acerca del modo en que este animal percibe e interpreta su mundo. Botas, Pantuflas y La Más Pequeña surgen como respuesta a dicho interrogante. Los tres resultan ser, por tanto, personajes de ficción en doble medida, pues emergen como entidades ficticias en un relato y, simultáneamente, adquieren rasgos antropomórficos que en modo alguno poseen los perros dentro de la realidad.

En la vida real, apartándonos del ámbito de la literatura, la forma en que los perros captan y descifran la realidad está muy lejos de lo imaginado por Kipling. Por suerte, podemos disfrutar con la lectura del cuento de Botas y sus compañeros, y a la vez recurrir a la ciencia en busca de respuestas que nos aclaren el modo en que nuestros compañeros experimentan el mundo.

Respuestas, precisamente respuestas, concretamente sobre cómo percibía Ugar su entorno, es lo que yo necesitaba aquel día que lo llevamos por primera vez a un campo de fútbol.

Atascados en una calle aledaña al estadio Santiago Berna-
béu, rogaba en voz baja a cualquier dios que nos pudiera estar
viendo desde las alturas que, ¡por favor!, no nos encontráse-
mos con la policía. Con tal afirmación se podría pensar que
estaba a punto de perpetrar un acto delictivo, y no inmerso en
un evento de lo más cotidiano, como el de un padre *txuri-urdin*
viajando con su hijo merengón a ver un partido entre el Real
y la Real. Sin embargo, la circunstancia que lo cambiaba todo
era que en aquella ocasión nos acompañaba Ugar, tranquilamente sentado a los pies de mi hijo, con el chaleco amarillo
que lo identificaba como futuro perro guía.

Existen muchos factores relacionados con la conducta que
descartan a un perro como guía de personas invidentes. Desde
luego, cualquier tipo de agresividad, pero también la incapacidad para obedecer las órdenes, la tendencia a despistarse cuando está trabajando, o, entre otros muchos, ser un perro demasiado reactivo. Esta última particularidad conductual suele
manifestarse como una respuesta emocional exagerada, generalmente mediada por el miedo, ante la presencia de personas
desconocidas y otros animales, o ruidos como los producidos
por una moto, un petardo o un trueno durante una tormenta.

Ugar ni se inmutaba con los petardazos con que los niños
del pueblo celebraban las fiestas, de modo que estaba seguro de que no era un perro reactivo. O eso creía yo, hasta que
una madrugada que salimos a que hiciera sus cositas (algo
que había comido le sentó mal) nos cruzamos con el camión
de la basura... y lo perseguimos —más bien Ugar, yo solo volaba
agarrado a la correa— durante un par de manzanas.

Lo primero que se me vino a la cabeza, con su fijación por
la comida, es que había olido algún alimento que trasladaban
al vertedero. Pero una semana después repetimos la persecu-

ción, toda la avenida abajo ante la mirada incrédula de los paseantes, detrás de una ambulancia. Entonces pensé que sería el ruido: la sirena de la ambulancia, el traqueteo del camión al subir y descargar los contenedores... No lo tuve claro hasta que una noche pasamos por delante de una farmacia que estaba de guardia, y Ugar enloqueció con la luz verde intermitente que emitía la cruz.

Como estaba escrito, al pasar junto a uno de los coches de la policía local que tenía las luces intermitentes iluminando la noche madrileña, Ugar se encaramó sobre las piernas de mi hijo y, extasiado por el destello azulado, asomó indiscretamente la cabezota por la ventanilla.

En realidad, está permitido que un futuro perro guía viaje en el asiento del copiloto (de hecho, tiene los mismos privilegios que cualquier perro que ya ejerce como guía), siempre que esté acompañado por un humano y lleve la correa y el chaleco puestos. Pero a veces los agentes de la policía no lo saben, y siempre es un engorro tener que explicarlo mientras enseñas los papeles del animal, el carné de educador y la fotocopia del Boletín Oficial del Estado que lo justifica. En este caso, el agente conocía perfectamente la norma y, como le hizo gracia el desparpajo de Ugar, nos facilitó la salida del atasco a tiempo para ver cómo mi hijo me restregaba en la cara el primer gol de Mbappé.

Resulta muy difícil saber cómo los perros perciben e interpretan el mundo que los rodea, así que solemos presuponer que lo hacen de un modo similar al nuestro. Y aunque es cierto que existen algunas similitudes, no debemos olvidar que la percepción sensorial y la imagen del mundo que configura la mente de un organismo mantienen una relación directa con sus necesidades.

De forma que si queremos saber cómo ven, huelen o escuchan Ugar y los suyos el mundo que los rodea, debemos partir de las necesidades que hubieron de cubrir sus antepasados los lobos, y del modo en que la selección natural les dio respuesta.

Y parece evidente que los principales requerimientos que hubo de configurar la selección natural fueron los vinculados con la caza, como medio de alimentarse, y con la vida social, como medio de relacionarse y reproducirse. Tanto los sistemas sensoriales como la percepción del entorno que tienen lobos y perros están determinados principalmente por estas dos necesidades.

La realidad en sus ojos

Apostaría, sin riesgo a perder, a que el principal interrogante que os surge en cuanto a la representación que del mundo se hacen nuestros queridos compañeros perrunos es: «¿Cómo ven su entorno?».

Es lógico que una especie como la nuestra, que utiliza los ojos como principal fuente de información para indagar el mundo, considere que entre los perros también domine la vista sobre el resto de los sentidos. Y ciertamente la visión aporta a los perros mucha información, ya que se muestra imprescindible para la caza y, en parte, la comunicación entre los distintos individuos; pero para Ugar y los de su especie es un sentido tan importante como lo pueden ser el olfato o la audición.

Todas las mañanas, cuando me despierta a base de una buena dosis de lametazos cariñosos en la cara, veo los ojos verdes y legañosos de Ugar diciéndome que ya es la hora de desayunar. Por la apariencia y el tamaño, y especialmente por lo que transmiten, podrían pasar por los ojos de una persona.

Y es verdad que el globo ocular de un perro es estructuralmente muy parecido al nuestro: poseen un ojo tipo cámara con su córnea, iris, cristalino y retina, pero con algunas diferencias peculiares que modifican la forma en que estos animales ven el mundo.

Si analizamos la retina de un perro, observaremos que la capa más interna del ojo presenta dos variedades de células nerviosas llamadas, por su aspecto al microscopio, conos y bastones. Nosotros también poseemos este tipo especial de neuronas que perciben las formas en la oscuridad (bastones) y los colores a plena luz (conos), solo que su diversidad, cantidad y distribución es diferente en los perros.

La retina humana cuenta con tres clases de conos, cada uno de ellos poseedor de un fotopigmento que se estimula con un tipo de luz a una longitud de onda más o menos concreta. Tradicionalmente se dice que nuestros conos captan la luz azul, otros la roja y, finalmente, un tercer tipo la verde.* Esto no significa que veamos el mundo únicamente en estos tres colores, dado que la diferente cantidad de fotones que incide en cada tipo de cono genera en nuestro cerebro los distintos colores del arco iris.

Tres conos distintos, funcionando adecuadamente, hacen que nuestro mundo se nos presente bajo una increíble gama de colores. Pero existen mundos todavía más coloridos, como el que visualiza la mantis marina a través de sus doce fotorre-

---

* Conos que presentan su máximo de absorción a 570 nanómetros de longitud de onda, típica de la luz roja; a 531 nanómetros correspondiente al color verde, y a 419 nanómetros, que es característica del azul.

ceptores, o más apagados, del tipo del que se recrea en el cerebro de Ugar.

Desde hace tiempo sabemos que en la retina de los perros solo aparecen dos clases de conos. Unos que captan la luz visible de una longitud de onda de alrededor de los 429 nanómetros, es decir, luz azul, y otro tipo de fotorreceptores que se estimulan preferentemente con la luz verde-amarilla, de unos 555 nanómetros.

La visión dicromática que poseen los perros no implica necesariamente que no sean capaces de ver el color rojo u otros colores del espectro visible, sino que la variedad de tonalidades que tiñe su mundo es menor que la de los humanos. No obstante, recientes experimentos realizados empleando el test de Ishihara (la clásica imagen circular de colorines bajo la que se esconde un número), que utilizamos para valorar la visión de los colores en los humanos, parecen demostrar que la visión de los perros es similar a la de una persona con daltonismo rojo-verde.

A partir de las anteriores observaciones, se deduce que los colores no han constituido una fuente de información demasiado relevante en la historia evolutiva de los lobos ni de sus descendientes los perros. Aspecto que se ve reafirmado por la disminuida cantidad de conos sensibles al color que presentan estos últimos: tan solo un 3 % de todas las células de su retina son conos, en comparación con el 5 % que poseemos los seres humanos.

Agarrándonos a la extendida creencia de que mamá naturaleza quita de un lado para compensar por otro, podríamos pensar que la limitación en la percepción del color asociada a una visión dicromática debería resarcirse con una mejora en la agudeza visual en los perros..., pero no es así.

La agudeza visual hace referencia a la capacidad para distinguir detalles en una imagen a una determinada distancia.

Seguro que habéis ido más de una vez al oculista para que os la valore con la clásica prueba de Snellen, que combina filas de letras y números de distinto tamaño dentro de una pantalla iluminada.

Creo que no es necesario explicar por qué el test de Snellen está descartado como instrumento para determinar la agudeza visual de un perro. Sin embargo, los investigadores no se han conformado con esta limitación, y han adaptado una serie de técnicas diagnósticas típicas de humanos con el objetivo de analizar la nitidez con que ven los perros. Erigiéndose de forma destacada la prueba de los potenciales evocados.

Bajo el sugerente nombre de potenciales evocados se refugia un procedimiento que consiste en inducir una serie de estímulos visuales en el paciente y observar la respuesta que estos desencadenan a nivel cerebral. Se trata de una técnica que permite descartar la esclerosis múltiple o la neuritis óptica entre los de nuestra especie, pero que ha sido empleada con éxito en diferentes investigaciones con perros, revelando que la agudeza visual canina está muy por debajo de la nuestra.

Para hacernos una pequeña idea de lo disminuida que está la capacidad para discriminar los detalles de una imagen entre los perros, solo hace falta decir que para distinguir adecuadamente los pormenores de una figura, que un humano normal vería perfectamente a veinte metros, un perro sin problemas de visión debería situarse a tan solo seis metros de ella. De modo que no solo el mundo de los perros es, desde el punto de vista de los colores, más triste, sino que además posee muchos menos detalles.

Ahora bien, existe un escenario donde la visión del perro se desempeña mucho mejor que la humana: en condiciones de baja luminosidad. Si hemos entendido que la percepción del entorno que tiene un organismo está directamente vinculada con sus necesidades para adaptarse y sobrevivir en él, no debe sorprendernos que los perros, como descendientes de los lobos, que están acostumbrados a cazar al anochecer y al amanecer, tengan una buena visión en las horas crepusculares.

¿Recordáis que hablábamos de que la retina tiene dos variedades de neuronas fotosensibles? Pues el segundo tipo son los bastones, unas células nerviosas que trabajan cuando el grado de luz es bajo, y que, de ese modo, son responsables de la visión en condiciones de baja luminosidad.

Es cierto que la retina de los perros posee una mayor densidad de bastones que la nuestra, pero este factor no es suficiente para explicar el mejor rendimiento de la visión de estos animales cuando la luz es tenue. Tampoco que el pigmento fotosensible de este tipo de neuronas sea ligeramente diferente al nuestro. En ambos casos se trata de una molécula llamada rodopsina, que no es exactamente igual en perros y humanos, pero su sensibilidad máxima a la luz es prácticamente idéntica en ambas especies. La superioridad de la visión perruna en la oscuridad hay que buscarla en otro sitio, probablemente en una estructura que es muy común en los animales de hábitos nocturnos, el *tapetum lucidum*.

El *tapetum lucidum* es un tejido que se sitúa justo detrás de la retina; concretamente, entre esta y una membrana posterior llamada coroides. En un ojo como el nuestro, carente de *tapetum lucidum*, los fotones de la luz interaccionan una única vez con los bastones de la retina. Sin embargo, en los animales que poseen este tipo especial de tejido, un mismo fotón estimula dos veces los bastones. Esta doble interacción se debe a que las partículas de la luz, una vez han atravesado la retina, rebotan en el *tapetum* y vuelven a dirigirse a ella en sentido contrario.

Este mecanismo carece de importancia en condiciones de alta luminosidad, pero adquiere relevancia cuando la luz está muy disminuida en el medio, pues se consigue que un reducido número de fotones vea aumentado el número de interacciones con la retina. También es culpable de que muchos animales nocturnos mueran atropellados por la noche al ser deslumbrados por las luces de los coches. Y si habéis tomado alguna fotografía con flash de vuestra mascota, sin duda habréis visto su *tapetum lucidum*. Esos ojos con el fondo rojo, verde o amarillo, que hacen que el animal parezca una criatura venida del inframundo, son los fotones reflejándose en tan importante estructura para la visión crepuscular de los perros.

Existe un aspecto interesante sobre la eficacia y el tamaño del *tapetum lucidum* en los perros que quiero comentaros, porque nos conduce, de nuevo, al indisoluble vínculo entre las características que posee un organismo y las condiciones del entorno donde se desarrolla. Así, como cabría esperar de unos animales que no son estrictamente nocturnos, sino algo así como acechadores en la penumbra, el *tapetum lucidum* de los perros no se muestra, ni de lejos, tan eficaz como el de los gatos o las rapaces nocturnas, que cazan en total oscuridad.

De hecho, el tamaño del *tapetum lucidum*, denominado área tapetal, varía mucho entre las distintas razas de perro, probablemente como consecuencia indirecta de la selección artificial desarrollada por el ser humano. Siendo la norma general que variedades de pequeño tamaño, como el bichón frisé, el cavalier King Charles spaniel o el teckel, tengan áreas tapetales pequeñas, mientras que razas de tamaño mediano y grande, del tipo del leonberger, el border collie o el golden retriever, presenten un área tapetal completa.

Mi Ugar y el resto de los labradores retriever constituyen en este aspecto un caso especial, pues, aun siendo perros de buen tamaño, poseen un área tapetal muy disminuida, que en un porcentaje nada despreciable de labradores está totalmente ausente.

Está claro que Ugar (que, a tenor de lo bonita que sale su mirada en las fotografías nocturnas, atesora un área tapetal del tamaño de una pulga) lo tendría complicado para imitar a sus ancestros los lobos en la caza crepuscular. Mas no es el único problema visual que he podido observarle, también surgen ciertos inconvenientes cuando volvemos de la luminosidad de la calle y entramos en el oscuro garaje.

Han sido varias las veces que mi labrador chocolate ha plantado violentamente su hocico contra el parachoques de un vehículo negro o azul oscuro que estaba correctamente estacionado en su plaza. Es algo que también le puede suceder a Rulo y a cualquier raza de perro debido a un proceso fotoquímico conocido como blanqueamiento de la rodopsina.

Este pigmento, presente en los bastones de la retina, está formado por una proteína llamada opsina, a la que se une una sustancia que deriva de la vitamina A, conocida como retinal, que es sensible a la luz. Cuando los fotones de la luz interaccionan con los bastones de la retina, el retinal activa la rodopsina creando una serie de señales que viajarán por el nervio óptico hasta las regiones del cerebro relacionadas con la visión. Y, casi inmediatamente, el retinal se separa de la opsina escindiendo la rodopsina.

Como el retinal que se ha separado es la molécula que da el color a la rodopsina, se dice que se ha producido un blanqueamiento de los bastones; y el inconveniente es que en este estado los bastones no pueden funcionar. En un ambiente iluminado no hay el menor problema, pues son los conos, y no los bastones, los fotorreceptores responsables de que veamos. Solo que si ahora, con los bastones blanqueados por la luz exterior, entramos de golpe en un lugar oscuro, no seremos capaces de ver nada durante unos segundos.

Ese es el tiempo que tarda en volver a unirse una pequeña parte del retinal a la opsina para regenerar la rodopsina, y permitir de nuevo el funcionamiento de los bastones. Cuanto más tiempo permanezcamos en un lugar oscuro, iremos apreciando que, poco a poco, la habitación se nos va haciendo más clara, hasta llegar un momento (una media hora en el caso de los humanos) en que toda la rodopsina de los bastones se ha regenerado, y estaremos ante la máxima claridad que nos ofrecen esas condiciones.

Bien, volviendo con los perros, tengo que decir que su problema con el blanqueamiento de los bastones de la retina es mayor que el nuestro; concretamente, es el doble de problemático, ya que su rodopsina tarda en regenerarse el doble de tiempo que la nuestra.

Después de desentrañar gran parte del funcionamiento visual de los perros, continúo sin entender la atracción que tiene Ugar por las luces parpadeantes. Lo más probable es que la explicación tenga que ver con el modo en que sus ojos las perciben y la forma como su cerebro las interpreta.

Respecto a la segunda cuestión, poco podemos hacer. No es fácil saber qué pasa por el pensamiento de Ugar cuando observa ojiplático las luces titilantes de una ambulancia o de un árbol de Navidad. Pero, por el contrario, está en nuestra mano —más bien, en la de los científicos— analizar la manera en que sus ojos las perciben. Lo que, de nuevo, nos arrastra hasta los conos de la retina, pues son ellos los que se estimulan con las luces que parpadean rápidamente.

Lo que resulta más sorprendente es que este tipo de neuronas solo es capaz de detectar destellos individuales hasta que alcanzan una determinada frecuencia, por encima de la cual los destellos se perciben como una única luz continua.* En nuestra especie esto sucede cuando la frecuencia del parpadeo alcanza los 50-60 hercios. Por esta condición fisiológica de nuestra visión, las imágenes generadas en las televisiones o las pantallas de ordenador, que parpadean como mínimo a 60 hercios, las vemos como si fueran una imagen continua.

Sin embargo, nuestros compañeros perrunos juntan los destellos cuando su frecuencia alcanza al menos los 70-80 hercios. Esto no solo nos indica que probablemente vean las imágenes del televisor a pequeños saltos, sino que los tubos fluorescentes, que parpadean en función de la frecuencia de la electricidad que los hace funcionar, puedan resultarles francamente molestos, o al menos más incómodos que las típicas bombillas incandescentes que no parpadean.

Después de todo, parece que la ciencia nos permite intuir con cierta verosimilitud cómo se presenta el mundo a los ojos de un perro. Solo que para nuestros mejores amigos la visión es únicamente un sentido más a la hora de interpretar el entorno donde se desenvuelven, y, como veremos a continua-

---

* Esta peculiaridad de los conos se conoce como frecuencia crítica de fusión del parpadeo.

ción, el oído y, especialmente, el olfato también resultan claves para construir su mundo.

Un mundo de olores

Si preguntáis a cualquier persona con un perro en la familia cómo es su vida, os podrá responder (seguramente con una sonrisa en la boca) que es un constante ajetreo, que se ha dejado la paga extra en las visitas al veterinario, que se pasa el día recogiendo caquitas del suelo, que su nivel de azúcar y el colesterol en sangre han disminuido de tantos paseos... Pero nunca, jamás, os dirá que su vida es monótona y aburrida.

Ni estableciendo un rígido horario de costumbres, un día se parece a otro cuando vas en compañía de un perro, y no digamos si son dos. Cada vez que salimos Ugar, Rulo y yo a dar un paseo por el parque que hay cerca de nuestra casa, cosa que hacemos al menos tres veces al día, solo estoy seguro de que vamos a pararnos en cada esquina, farola y árbol a oler los pises que han dejado sus amigos; que Rulo va a husmear el trasero de todo perro con que nos crucemos, y que Ugar, después de saludar a ¡todas! las personas que veamos en el camino, dedicará los primeros diez minutos a estresar a los pobres patos que descansan junto al estanque. Todo lo demás es una incógnita.

He llegado a correr con Rulo en brazos detrás de Ugar, que corría detrás de una señora, que corría detrás de su teckel, que corría detrás de una pelota, que rodaba hacia la carretera. He tenido que sacar de la boca de Ugar un conejo de peluche destrozado y lleno de babas ante el llanto de su pequeña propietaria y la mirada colérica del papá. E incluso una vez pensé en regalárselos al dueño de una preciosa rottweiler cuando, después de diez minutos intentándolo, nos vimos incapaces de deshacer el lío de correas que habían formado los tres al saludarse.

Pero, sobre todo, y lo destaco porque es lo único que me llega a afectar incluso a un nivel orgánico, he recogido a mis queridos perros embadurnados y malolientes después de revolcarse en los despojos de un animal en descomposición o en los restos de basura despanzurrados junto a algún contenedor.

Si a mí, un individuo perteneciente a una especie casi anósmica, este tipo de olores fétidos son capaces de despertarme una migraña, no puedo hacerme una idea del modo en que perciben tan intensos aromas unos animales que son poseedores de una capacidad cien mil veces superior a la nuestra para detectarlos. Como podemos imaginar, la naturaleza no invierte recursos que le resultan costosos al individuo en un aspecto que carezca de utilidad. De modo que si los perros están dotados de una extraordinaria capacidad olfativa, se debe al importante papel que desempeña en su supervivencia.

El sentido del olfato aporta a los perros abundante y relevante información sobre su entorno: la presencia de potenciales enemigos o presas, la continuidad o la aparición de nuevos perros en el vecindario, el momento del ciclo reproductivo de las hembras, etcétera. Detalles que nuestros compañeros utilizan para recrear su mundo, localizar el alimento, detectar amenazas o encontrar una pareja.

Pero hay algo en el mensaje que transmiten los olores que va más allá de los datos que aportan la vista o el oído. Se trata de la permanencia de la propia información en el medio. Un estímulo visual se desvanece rápidamente al apartar la mirada, mientras que un sonido se disipa con celeridad en el aire nada más producirse. Sin embargo, los olores crean una red tridimensional y persistente de información en el entorno del animal, que le permite acceder repetidamente a ella, de un modo similar a como nosotros accedemos a los recuerdos de una persona cuando leemos su diario.

Bien, pero ¿dónde reside la extraordinaria capacidad de los perros para detectar odorantes, incluso en concentraciones minúsculas, y discriminar entre una multitud de aromas distintos? Recientes estudios científicos apuntan a la combinación de factores anatómicos, aspectos genéticos y a un patrón voluntario de inhalación del aire conocido como olfateo.

Centrándonos en el primero de los elementos que hacen del perro un excelente detector de olores, tengo que reconocer que estos animales no poseen en su sistema olfativo ninguna estructura anatómica diferencial respecto a la mayoría de los mamíferos. De hecho, como los gatos, los ratones o los ciervos, su sistema olfativo está formado por el epitelio olfatorio principal y el órgano vomeronasal.*

El epitelio olfatorio forma una mucosa que se extiende y recubre interiormente la cavidad nasal, situándose el órgano vomeronasal justo por debajo de ella y sobre el paladar. Tradicionalmente se sostenía la idea de que el epitelio olfatorio de los perros se encargaba de captar los diferentes olores que están presentes en el entorno del animal. Mientras que el órgano vomeronasal se limitaba a reconocer unas sustancias vinculadas con la reproducción y las relaciones sociales, llamadas feromonas. En la actualidad, el anterior paradigma se está viniendo abajo, los investigadores han descubierto que ambas estructuras del sistema olfativo están implicadas tanto en el reconocimiento de los odorantes como de las feromonas.

* El órgano vomeronasal también es conocido como órgano de Jacobson.

¡Ojo!, pero si un análisis superficial de la anatomía del sistema olfativo de los perros no revela ninguna peculiaridad, la perspectiva cambia radicalmente si descendemos al nivel celular. Bajo la luz del microscopio podemos observar que el epitelio olfatorio está formado por unas células ciliadas que recuerdan (al menos en mi mente intoxicada por años de exposición a los dibujos animados) a la cabeza prismática con los pelos de punta del travieso Bart Simpson; que en un alarde de escasez imaginativa los fisiólogos han bautizado como células receptoras olfativas u ORC.*

Como podéis sospechar, cada tipo de ORC actúa como receptor de un compuesto químico volátil en concreto. No obstante, para la identificación precisa de un olor, es imprescindible que se produzca la estimulación y la activación de una combinación única y específica de células receptoras olfativas. Podemos intuir en el proceso de integración de las señales que recogen distintas ORC, y que originan un olor determinado, algo similar a lo que sucede con la secuencia de notas que, combinadas, nos permiten reconocer una melodía en particular.

Una parte de la extraordinaria eficacia en la percepción de los olores que manifiestan Ugar y los suyos se debe al tamaño del epitelio olfatorio, que en los perros abarca una superficie muy superior a la que presenta en los seres humanos, algo así como un 30% más.

Ya de por sí una mayor superficie olfatoria permite atrapar una mayor cantidad de moléculas volátiles en el aire. Pero si añadimos que cada una de las ORC, de entre los millones que forman dicha superficie, presenta además cientos de cilios

* *Olfactory receptor cells*, por sus siglas en inglés.

(frente a los poco más de veinticinco que tiene cada una de las ORC del epitelio olfatorio humano), podremos hacernos una idea de la increíble sensibilidad del olfato de los perros. Sin embargo, los perros no solo nos vapulean ampliamente en cuanto a la agudeza para captar minúsculas cantidades de odorantes; también lo hacen en lo referente a la variedad de olores que su cerebro puede registrar. Precisamente es en este aspecto donde entra en juego el factor genético, ya que nuestros queridos compañeros esconden en su genoma 1.094 genes que codifican diferentes receptores olfativos, más del triple de los genes que están implicados en nuestro sentido del olfato. Y aquí el tamaño, referido al patrimonio genético vinculado al olfato, también adquiere relevancia, pues una gama incrementada de ORC permitirá la detección de una mayor variedad de odorantes.

Existe una última particularidad, que colabora de forma decisiva en el superolfato que tienen los perros, que no puedo dejar de comentaros, por el hecho de que en un análisis superficial no parece tener la relevancia que definitivamente muestra. Se trata del mecanismo que permite la entrada del aire en las fosas nasales del animal.

Lo primero que tenemos que saber es que los perros, como también nos sucede a nosotros, registran muestras de odorantes de forma independiente en cada una de las fosas nasales. Este mecanismo de olfacción los capacita para llevar a cabo una comparación bilateral del estímulo y, de ese modo, localizar el lugar de donde procede el olor.

Se ha descubierto que los perros utilizan la fosa nasal derecha cuando comienzan a oler, y si el olor que perciben les resulta familiar, pasan a emplear la fosa izquierda. Sin embargo, si se trata de un olor desconocido, el animal continuará utilizando la fosa derecha durante la olfacción. La explicación a tal comportamiento innato parece deberse a que el hemisferio cerebral izquierdo, adonde llega la información recogida por la fosa nasal izquierda, procesa las respuestas asociadas a estímulos familiares y no aversivos. Mientras que el hemisferio derecho, donde desemboca la información que discrimina la fosa nasal del mismo lado, se encarga de la respuesta a toda información que resulta novedosa.

Además de la lateralidad olfativa, los perros presentan otra peculiaridad que mejora la percepción de los olores, y es que durante la inhalación retienen un 15% del aire entre los cornetes de las fosas nasales. Aire con sustancias odorantes que no viaja hasta las vías respiratorias inferiores, sino que se mantiene en contacto con la mucosa del epitelio olfatorio, estimulando durante un periodo más largo de tiempo las ORC.

Pero si este patrón normal de respiración es ya de por sí muy eficiente en la captación de los olores, los perros son capaces de mejorarlo generando de forma consciente un patrón especial de inhalación de aire conocido como olfateo.

El olfateado es un proceso totalmente voluntario a través del cual los perros llevan a cabo de cuatro a siete respiraciones cortas y agudas cada segundo, introduciendo alrededor de . 30 mililitros de aire en cada fosa nasal por olfateo. Durante este proceso, el aire entra frontalmente en las fosas nasales a mucha velocidad, recorre e impregna el epitelio olfatorio con los odorantes que transporta, gira 180 grados para realizar el recorrido inverso, estimulando de nuevo las células receptoras olfativas, y abandona lateralmente las narinas del animal.

El olfateo, como mecanismo activo de ventilación, mejora el patrón normal de inhalación porque incrementa de forma considerable el tiempo que el aire está en contacto con el epitelio olfatorio. Además, aumenta la sensibilidad a los olores y activa la corteza olfatoria en el cerebro de los perros, que, por cierto, está mucho más desarrollada que la nuestra.

La importancia que tiene el olfato en la representación del mundo que se hacen los perros podría explicar, en parte, la costumbre que tienen por revolcarse en la basura, especialmente cuando están recién lavados. Lo cierto es que, aunque es un comportamiento totalmente natural que también manifiestan los lobos, no se conoce a ciencia cierta el porqué; si bien se conjetura que lo hacen para ocultar su propio olor, o para utilizar el hedor a modo de perfume con el que atraer a sus congéneres, o, quizás, simplemente porque les gusta.

Todas estas habilidades olfativas de los perros me reafirman en una evidencia sobre la que no tengo ninguna duda: lo sensible que puede llegar a ser el olfato de Ugar. Mi querido perrito es capaz de arrastrarme decenas de metros olfateando el suelo como un búfalo para encontrar ocultas entre la hierba un par de míseras migas de pan que se han caído de un bocadillo. Lo que, a tenor de la experiencia, no tengo tan claro es que su capacidad auditiva sea igual de fina.

Escuchar, saborear y buscar el norte

Como todo cachorro, Ugar tiene la costumbre de coger cualquier cosa y llevársela a la boca, pero también la manía de hacer como si no me escuchara cuando le pido, suavemente y con la mano tendida, que me la devuelva sin destrozarla. En la mayoría de las ocasiones no tiene la menor importancia, pues a base de insistirle durante un tiempo termina devolviendo el pañuelo, el lápiz o la zapatilla con que está jugando. El problema surge cuando la sordera le acontece en un contexto en el que personalmente no me siento cómodo para negociar con él, como puede ser corriendo desnudo por el vestuario de la piscina tratando de recuperar mis calzoncillos.

Bueno, pues a pesar de todas mis dudas, la ciencia parece contradecirme al asegurar que los perros tienen, en líneas generales, mejor audición que los humanos.

A grandes rasgos, la anatomía del oído y la fisiología de la audición en el perro son similares a las del humano. Un pabellón auditivo que dirige la onda sonora al conducto externo, hasta que llega a golpear contra el tímpano y lo hace vibrar. Dicha vibración se transmite de uno a otro de los huesecillos (del martillo al yunque y de este al estribo) hasta impactar con la cóclea, lugar donde la vibración mueve el líquido que la rellena, estimulando las células nerviosas del órgano de Corti. Estas células responden generando un impulso nervioso que viaja, a través del nervio auditivo, hasta el cerebro.

Las diferencias entre ambas especies son muy sutiles, tanto que en lo relativo a los sonidos de bajas y medias frecuencias (sonidos graves e intermedios) apenas existe discrepancia entre la capacidad auditiva de humanos y canes. Solo que estas minúsculas divergencias son lo suficientemente importantes para que los perros posean una sensibilidad auditiva netamente superior en las frecuencias altas, que son las que caracterizan a los sonidos agudos.

La diferencia anatómica más obvia remite al tamaño del conducto auditivo externo y al de uno de los huesecillos de la cadena: el martillo. El conducto auditivo es en los perros más largo y ancho, y está dotado de una movilidad de la que nosotros carecemos. El martillo, por otro lado, tiene casi el triple de tamaño que nuestro huesecillo, y es capaz de transferir la energía de la onda sonora al yunque con mayor intensidad, magnificando la señal que llega hasta la cóclea. Ambas características, aun siendo muy sutiles, amplifican y mejoran la sensibilidad al sonido de los perros, de modo que son capaces de percibir sonidos a una distancia cuatro veces mayor que la del oído humano. Sorprendentemente, a tenor de lo que acabo de explicar, la cóclea del *Homo sapiens* posee unas 19.000 neuronas auditivas, frente a las poco más de 13.000 que contiene la cóclea, que además es más grande, del perro. Los científicos achacan esta diferencia a una adaptación auditiva que habría surgido entre los de nuestra especie para permitirnos discriminar la sutileza de los diferentes sonidos que caracterizan al lenguaje humano. Nuestro contingente de células cocleares nos permite diferenciar entre sonidos que difieren en una frecuencia de tan solo 3 hercios. Los perretes son menos hábiles en este proceso, pudiendo distinguir solo entre sonidos cuyas frecuencias varíen en al menos 8 hercios.

No obstante, como os decía anteriormente, la gran diferencia entre la audición de los perros y los humanos es su capacidad para escuchar sonidos de altas frecuencias, superiores a los 40 kilohercios, para los que nosotros estamos completamente sordos. Esta peculiaridad reside en una estructura que recorre interiormente la cóclea y que conocemos como membrana basilar.

La cóclea se dispone en espiral siguiendo la forma de la concha de un caracol, y en su interior podemos diferenciar claramente dos zonas. La primera es una región ancha situada junto al estribo, conocida como zona basal. La segunda es la zona apical, un área más estrecha ubicada en el extremo final, en la denominada punta del caracol. Recorriendo todo el interior de la cóclea, como una alfombra extendida sobre las escaleras para recibir a los invitados en un acontecimiento especial, está situada la membrana basilar; y sobre ella las células del órgano de Corti que serán estimuladas por las ondas sonoras.

La membrana basilar dista mucho de ser homogénea en todo su recorrido a través del interior de la cóclea. Concretamente, es mucho más rígida y estrecha en la zona basal, y más flexible y ancha en la zona apical. Esta diferencia, especialmente en lo referente a la rigidez, determina el tipo de ondas sonoras que se propagan por la membrana basilar. Las ondas mecánicas de mayor frecuencia se mueven mejor por medios rígidos, y tienen dificultades para propagarse por los elásticos. De este modo, las ondas que originan los sonidos más agudos se transmiten por la zona basal, mientras que las de menor frecuencia, que generan sonidos intermedios y graves, se propagan en la zona apical de la membrana basilar.

La detección especializada de ondas de alta, media y baja frecuencia en las diferentes regiones de la membrana basilar es común a humanos y perros. Pero, en estos últimos, la membrana que recubre la cóclea en su zona basal es notablemente más rígida, y permite la propagación de ondas de altas frecuencias que dotan al perro de una mayor sensibilidad a los ultrasonidos.

Ahora que ya sabemos cómo perciben la realidad auditiva nuestros mejores amigos, quizás también os interese conocer la manera en que saborean su delicioso mundo.

Probablemente suceda con la mayoría de las razas, pero los labradores parece que solo disfrutan cuando le hincan el diente a todo lo que los rodea. Desde luego, para mi Ugar el comer es todo un placer..., solo que se trata de un placer casi enfermizo. No os voy a engañar: cuidar de un futuro perro guía supone una experiencia increíble..., pero, amigos, no es fácil. En una estimación rápida, durante los doce meses que Ugar ha estado con nosotros, calculo que he perdido dos o tres años de vida debido al estrés; habré suplicado perdón a desconocidos más de un centenar de veces, y por lo menos he tenido que pagar un par de hamburguesas completas y unos *nuggets* con salsa barbacoa a una familia de guiris, que creía que la desaparición de su comida formaba parte del espectáculo de magia que estábamos viendo.

Y es que Ugar es capaz de ventilarse un chuletón de ternera de un plato sin vigilancia con la misma rapidez que el hipopótamo del famoso juego de mesa se traga una bola. Tal es la velocidad con la que el alimento le atraviesa el gaznate que, en las contadas ocasiones que llega a vomitar, he visto mezclados con sus babas aros de calamar enteritos y tomatitos Cherry intactos cazados de quién sabe dónde.

Se trata de una herencia de sus antepasados lobunos, vinculada a la alimentación competitiva, que todavía mantienen algunas razas de perro: tras una cacería, come primero la pareja dominante, y después los jóvenes lobos compiten a ver quién traga más rápido lo que queda de comida.

A tenor de tan vertiginosa velocidad de deglución, me he planteado si a Ugar la comida le sabe realmente a algo; vamos, que podría pasar sus días sin necesidad de receptores para el sabor. Pero lo cierto es que los perros, incluida mi querida succionadora peluda, poseen una gran cantidad y variedad de papilas gustativas, no solo en la lengua, sino también distribuidas por la cavidad oral y la faringe.

De hecho, las papilas gustativas de un perro poseen receptores que le permiten detectar los sabores ácido, amargo, salado, umami y dulce. Precisamente los mismos sabores que percibimos nosotros. Si bien es cierto que los receptores para el salado no son demasiado eficientes entre los cánidos, probablemente porque la búsqueda de alimentos específicos que les aporten sal, al obtenerla ya de la carne de sus presas, no es una prioridad para ellos.

A decir verdad, la capacidad de un organismo para discriminar entre diferentes sustancias químicas presentes en la saliva, lo que viene a significar ser sensible a los distintos sabores, siempre tiene una justificación adaptativa. Así, los felinos, incluido el gato doméstico, son estrictamente carnívoros y, al carecer de receptores para el sabor dulce, se muestran incapaces de disfrutar del gusto azucarado que distingue a las frutas maduras. Los perros, como buenos omnívoros de dieta variada que son, paladean con placer cualquier alimento dulce. Este dulzor es indicativo de la presencia de moléculas energéticas de glucosa, fructosa o sacarosa, y cuya ingesta el cerebro recompensa con una sensación placentera.

Los receptores del umami también inducen una sensación gratificante en el cerebro del perro; en este caso, cuando el animal ingiere alimentos ricos en aminoácidos, como el ácido glutámico, y nucleótidos, del tipo de la inosina monofosfato, que abundan en la carne, que es su principal fuente de proteínas.

El sabor amargo, por el contrario, les disgusta tanto como a nosotros. No obstante, es un tipo de sabor que resulta tremendamente útil, pues la aversión que genera el amargor permite descartar de su dieta alimentos de origen vegetal que podrían ser venenosos. Y es que los perros, al igual que los lobos, aunque de ningún modo sean vegetarianos, son unos animales oportunistas que pueden completar su alimentación con frutas y vegetales.

A Ugar, particularmente, le encanta la sandía. Cuando en verano me estoy partiendo una buena raja, siempre se sitúa a mi vera en posición de esfinge, con la baba chorreándole de ambos lados de la boca como un grifo abierto, esperando que le caiga —o se me caiga— un pedacito.

De nuevo, con su costumbre de engullir de golpe el alimento, no tengo claro que fabricar tanta saliva le sea de mucha utilidad a mi perrito, ya que se supone que este líquido transparente se encarga de empapar los alimentos para favorecer su deglución.

No obstante, los perros fabrican mucha saliva, tanta que a los tres pares de glándulas salivales que poseemos los humanos —sublinguales, submandibulares y parótidas (situadas junto al oído)— unen un cuarto par, localizado debajo del globo ocular y al lado del hueso cigomático. Y es que, en realidad, en nuestros mejores amigos, la saliva desempeña multitud de funciones, más allá de la de facilitar el paso de los alimentos hasta el estómago.

La saliva de un perro humedece y preserva la mucosa de la boca, ayuda a mantener los dientes en buen estado, facilita la digestión de proteínas y grasas, y tiene una potente acción antimicrobiana.

En efecto, es muy habitual observar a un perrito lamiéndose una herida, tanto que en ocasiones debemos ponerle un ridículo collar isabelino si queremos que se cure y cicatrice. Se trata de un comportamiento que también han heredado de los lobos y que, gracias a la eficacia de una sustancia llamada lisozim,* permite sanar rasguños, pequeños cortes y heridas superficiales.

Recientes estudios han localizado en la saliva del perro sustancias con acción antiinflamatoria y proteínas vinculadas a los procesos de regeneración tisular y cicatrización, que parecen justificar la costumbre que tienen estos animales por lamerse una zona dolorida o dañada. Más aún, si tenemos en cuenta la evidencia empírica de que la salivación de un perro aumenta radicalmente con el incremento de la temperatura ambiental, habremos adivinado que la principal función de este fluido biológico consiste en regular la temperatura corporal del animal.

La sudoración es el principal mecanismo que emplea nuestro cuerpo para enfriarse y evitar que la temperatura supere los 42 grados Celsius, desnaturalice las proteínas y nos conduzca irremediablemente a la muerte. En los seres humanos, las glándulas sudoríparas que se distribuyen por la piel son las encargadas de fabricar el sudor. Pero los perros apenas disponen de un pequeño número de este tipo especial de glándulas en las almohadillas plantares, por lo que no sudan, sino que jadean para refrigerarse.

Un vistazo demasiado superficial del jadeo de nuestro perro podría llevarnos a concluir que se trata de un simple procedimiento de inspiración y espiración rápida del aire, similar a la respiración entrecortada que manifiesta cualquiera de nosotros después de un esfuerzo. Nada más lejos de la realidad. Ugar y Rulo, como todos los de su especie, son capaces de poner en práctica tres patrones de jadeo diferentes, según la

---

* La saliva humana también contiene lisozima, pero esta es, en términos de eficacia antibiótica, muy inferior a la del perro.

actividad que estén desarrollando y las condiciones de temperatura y humedad del entorno.

Cuando un perro está tumbado tranquilamente en un lugar donde la temperatura no supera los 26 grados Celsius, o se encuentra realizando un ejercicio de baja intensidad en un ambiente frío, el jadeo que le permite mantener su temperatura corporal en valores adecuados consiste en un sencillo proceso de inspiración y espiración del aire a través de la nariz. En estas circunstancias, el aire se calienta y se humedece al entrar en contacto con la mucosa nasal durante la inspiración. Pero después, en el camino de vuelta, el aire caliente y húmedo procedente de los pulmones vuelve a interaccionar con dicha mucosa, ahora más fría que el aire corporal, bajando la temperatura y disminuyendo la humedad antes de ser expulsado al exterior. Actuando de este modo, la mucosa nasal se comporta como una especie de intercambiador térmico que impide que el animal pierda demasiado calor y elimine un exceso de agua.

Ya, pero ¿y si lo que necesita el perrete es bajar la temperatura de su cuerpo para que no le dé un golpe de calor? Bien, pues ante esta necesidad entran en juego los otros dos patrones de jadeo que desarrollan nuestros mejores amigos.

Si un perro necesita disminuir la temperatura corporal, como sucede siempre que se encuentre tumbado y tranquilo en un lugar donde ronden los 30 grados Celsius, o esté realizando ejercicio de media o alta intensidad, debe evitar como sea el intercambiador de su mucosa nasal, puesto que este retiene el calor que ahora tendría que perder. Y ese «como sea» consiste simplemente en exhalar por la boca y no por la nariz.

El segundo patrón de jadeo radica precisamente en un comportamiento que hemos observado con frecuencia en nuestros perros cuando les agobia el calor: inhalar el aire por la nariz y expulsarlo por la boca, con la lengua fuera empapada en saliva para facilitar la pérdida de calor y la disminución de la temperatura corporal. Este tipo de jadeo se alterna con un tercer patrón, que suele manifestarse en situaciones de estrés térmico, y que consiste en inhalar y exhalar por nariz y boca.

Estos dos tipos de jadeo ven potenciada su capacidad para enfriar al animal gracias a que el hipotálamo, sometido a tensión por las altas temperaturas, estimula radicalmente la producción de saliva y el flujo sanguíneo lingual. De este modo, la sangre que empapa los tejidos de la lengua cederá parte de su calor a la saliva, la cual, al evaporarse, tal como hace el sudor en nuestro cuerpo, disminuirá la temperatura del animal.

No obstante, la capacidad del jadeo para refrigerar el cuerpo del perro es bastante limitada, por lo que conviene evitar que nuestros amigos peludos realicen actividades intensas cuando la temperatura y la humedad del ambiente son elevadas. Y, por supuesto, no debemos dejarlo nunca, por poco que nos parezca el tiempo que va a pasar, en un lugar cerrado donde la temperatura aumente demasiado y no tenga buena ventilación, como bien pudiera ser dentro de un coche o en una terraza acristalada.

Es mucho lo que la ciencia nos ha revelado sobre los sentidos del perro, pero más aún lo que queda por descubrir, y muchas también las sorpresas que nos esperan sobre el modo en que estos animales tan especiales perciben su mundo.

Una de esas sorprendentes revelaciones, que está tratando de confirmar la ciencia, es la existencia de un sexto sentido en los perros.

En el año 2013 se publicó una investigación referente a las preferencias en cuanto a la orientación en el espacio que manifestaban los perros al hacer sus necesidades. Una investigación que *a priori* tenía todas las trazas de candidata a arrasar en los Premios Ig Nobel, que galardonan a las investigaciones científicas más absurdas de cada año, se manifestó como un excelente estudio que confirmaba que los perros, como otros muchos animales, son sensibles al campo magnético de nuestro planeta.

Los científicos estuvieron durante dos años midiendo la dirección del eje corporal de setenta perros, de casi cuarenta razas distintas, mientras miccionaban o defecaban. Descubrieron que no solo estos animales solían alinear su cuerpo con las líneas de fuerza del campo magnético terrestre, sino que además preferían hacer sus cositas orientándose al eje magnético norte-sur.

La evidencia de un sentido especial para percibir el campo magnético terrestre en los perros, que podríamos denominar sentido de la magnetorrecepción, condujo a los investigadores a plantearse la cuestión de dónde residía tal capacidad y qué utilidad tenía para estos animales. Por ahora seguimos sumergidos en las tinieblas, y las únicas respuestas que podemos dar son puras especulaciones que tendrán que ser confirmadas o descartadas mediante futuras investigaciones.

Sin embargo, disponemos de ciertas evidencias que permiten dar mayor peso a algunas conjeturas, como la que propone que la capacidad de los perros para detectar campos magnéticos les facilita la orientación en el espacio y les permite, en ocasiones, encontrar el camino a casa o a un lugar concreto.

El primer soporte sólido a la idea de que el campo magnético aporta un marco de referencia espacial para la orientación de los perros en largas distancias nos lo acaba de dar una investigación que analizó las estrategias que utilizan los perros de caza para localizar a su dueño. Mediante collares dotados con cámara y GPS, los investigadores analizaron las diferentes estrategias que ejecutaban los perros de caza para volver junto a sus dueños, separados de ellos miles de metros. Los perros pueden volver al lugar donde dejaron a su dueño para perseguir a una presa utilizando el olfato y desandando el camino, estrategia que se denomina rastro, o bien buscando un nuevo camino, alternativa que se conoce como exploración.

El rastreo es una buena estrategia para volver al punto de partida, pero suele ser muy lenta, mientras que la exploración permite tomar atajos, pero conlleva el grave riesgo de perderse si el animal se desorienta.

Sorprendentemente, los investigadores descubrieron que cuando los perros elegían la alternativa de la exploración para retornar junto al cazador, muy raramente se despistaban. También observaron que todos los perros que se decantaban por esta estrategia, antes de comenzar con la búsqueda de su dueño, realizaban una carrera corta, de unos 20 metros, en la dirección norte-sur del campo magnético, para posteriormente iniciar el regreso en cualquier otra dirección.

Esta pequeña carrerita a lo largo del eje magnético norte-sur recibe el nombre de «recorrido de la brújula», acción que simula lo que haría un explorador al alinear la aguja hacia el norte para orientarse, y se cree que permite a los perros aumentar la precisión y reducir la complejidad de la orientación a larga distancia en entornos desconocidos.

A pesar de toda la información que nos aporta la ciencia, y que en una minúscula fracción hemos conocido en este capítulo, todavía quedan muchos interrogantes por elucidar sobre el modo en que nuestros mejores amigos interpretan la realidad en la que se desenvuelven.

Personalmente, todavía no dejo de preguntarme qué intuye Ugar en las luces parpadeantes de los intermitentes, o qué le llama tan poderosamente la atención a Rulo en el interior de las apestosas zapatillas deportivas de mi hijo. Lo que tengo claro es que perros como Botas y Pantuflas, extremadamente humanizados, solo existen en las páginas de un (buen) libro. Aunque, observando el modo en que mis dos perritos me persiguen a todos lados, y el interés que muestran por mí hasta cuando estornudo o suelto un suspiro, empiezo a creer que, como Kipling escribió, no dejan de vernos como sus «dioses propios».

Si esto es así, es decir, si su realidad, independientemente de cómo la vean, escuchen, saboreen o huelan, gira alrededor de nosotros, solo quiero asegurarme de ser un buen dios; y nunca, jamás, decepcionarlos.

La historia
del soldado Learoyd

Kipling

LEJOS DEL ALCANCE DE ESOS OFICIALES empeñados en
inspeccionar el equipo, lejos de los sargentos de nariz afilada
que husmean las pipas metidas en los rollos de manta, a un
par de millas del ruido de los cuarteles, se encontraba la
Trampa. Se trataba de un viejo pozo seco, a la sombra de un
retorcido pipal, rodeado de hierba muy alta. Allí, años atrás, el
soldado Ortheris había instalado un depósito y su particular
ménagerie, para posesiones vivas y muertas que no podían
introducir con seguridad en los barracones. Gallinas Houdan
y fox terriers de dudoso pedigrí (y de propiedad aún más du-
dosa) se encontraban allí, pues Ortheris era un empedernido
cazador furtivo y destacaba incluso en el regimiento por ser
experto en el robo de perros. Jamás volverán esas largas tardes perezosas en las que Ortheris, silbando bajo, se movía
como un cirujano entre los cautivos de su oficio en el fondo
del pozo, mientras Learoyd se sentaba repartiendo sabios con-
sejos sobre la cría de perros pequeños, y Mulvaney, desde la
curva saliente del pipal, balanceaba sus enormes botas en señal de bendición sobre nuestras cabezas y nos entretenía con

historias de amor y de guerra, o con experiencias extrañas vividas en ciudades y entre hombres.

Ortheris, al fin, llegó a montar la pajarería por la que tanto suspiraba su alma; Learoyd regresó al pétreo Norte, entre el estrépito de los telares de Bradford; Mulvaney, canoso, afable y tan sabio como Ulises, sudó sobre una de las vías del tren del centro de la India. ¡Juzgad vosotros mismos si he olvidado aquellos viejos días en la Trampa!

Ortheris, como siempre convencido de saber más que nadie, dijo que ella no era una dama de sociedad, sino una eurasiática. No niego que su tez fuera algo oscura, pero era una dama. Bastaba verla: viajaba en carruaje, con buenos caballos; llevaba el cabello tan bien aceitado que uno podía reflejarse en él; lucía anillos de diamantes, una cadena de oro, y vestía sedas y satenes que debieron de costar una fortuna, porque no es barata la tienda que puede cortar patrones enteros para adaptarlos a una figura como la suya. Se llamaba la señora DeSussa, y llegué a conocerla gracias al perro de la esposa de nuestro coronel: Rip.

He visto muchos perros, pero Rip era el ejemplar más hermoso de fox terrier, listo y despierto, que jamás haya visto. Podía hacerlo todo, salvo hablar, y la esposa del coronel le tenía más cariño que si hubiera sido un cristiano. Tenía hijos propios, pero estaban en Inglaterra, y Rip parecía recibir todo el afecto que, por derecho, habría correspondido a un niño.

Rip era algo travieso, un auténtico vagabundo, y tenía la costumbre de escaparse de los barracones y trotar por ahí como si fuera el magistrado del cuartel pasando revista. El coronel lo castigaba de vez en cuando, una o dos veces, pero a Rip le daba igual y seguía con sus rondas y la cola en constante movimiento, como si fuera preguntándole al mundo entero:

«Todo va bien, gracias, ¿y tú qué tal?». Entonces el coronel, que no tenía mucha mano con los perros, lo reprendía con severidad. Un perro realmente excepcional; no es de extrañar que aquella dama, la señora DeSussa, acabara cogiéndole cariño.

Uno de los Diez Mandamientos dice que no debes codiciar el buey ni el burro de tu prójimo, pero no dice nada sobre sus fox terriers; y quizás por eso la señora DeSussa codiciaba tanto a Rip. Iba a la iglesia con regularidad junto a su marido, que era bastante más oscuro de piel, y si no fuera por el buen abrigo que llevaba encima, bien podría haberse dicho, sin faltar a la verdad, que era un hombre negro. Se comentaba que invertía su dinero en yute, y que tenía una fortuna considerable.

Cuando castigaban a Rip, el pobre animal parecía no estar nada bien de salud. Así que la esposa del coronel mandaba llamarme, porque yo tenía fama de entender de perros, y me preguntaba qué le pasaba y si podía curarlo.

—Pues se le ha metido la tristeza en el cuerpo —le dije una vez—. Lo que necesita es libertad y compañía, como cualquiera de nosotros. Quizás un par de ratas le levantarían el ánimo. Son bajezas, señora, ratas al fin y al cabo, pero es la naturaleza de un perro cazarlas, y también andar de un lado a otro, cruzarse con uno o dos perros más, matar el tiempo y pelearse un poco, como cualquier cristiano.

Ella dijo que su perro no debía pelear jamás y que ningún cristiano había peleado nunca.

—¿Y entonces para qué estamos los soldados? —le dije yo, y le expliqué las cualidades contradictorias de un perro, que, pensándolo bien, es una de las criaturas más curiosas que existen. Aprenden a comportarse como auténticos caballeros, perfectamente aptos para la vida en sociedad, pero al mismo tiempo persiguen gatos, se meten en peleas callejeras de toda clase, matan ratas y luchan como demonios.

La esposa del coronel dijo entonces:

—Bueno, Learoyd, no estoy del todo de acuerdo con usted, pero quizás tenga razón en parte. Me gustaría que sacara a pasear a Rip de vez en cuando, pero no debe dejar que pelee, ni que persiga gatos, ni que haga ninguna de esas vilezas horribles. —Y esas fueron exactamente sus palabras.

Así fue como Rip y yo comenzamos a salir a pasear por las tardes. Era un perro que honraba a cualquier hombre, y yo me dedicaba a cazar un buen montón de ratas. Organizábamos una especie de competición en una vieja piscina seca detrás del cuartel, y no pasó mucho tiempo antes de que volviera a estar alegre y vivaz como una florecilla.

Tenía una forma muy particular de lanzarse contra esos grandes perros parias amarillentos, como si saliera disparado de un arco, y aunque no pesaba gran cosa, los sorprendía con tal brusquedad que salían rodando como bolos en una bolera. Cuando huían, iba tras ellos como si persiguiera conejos. Lo mismo hacía con los gatos, cuando lograba atraparlos ya en plena carrera.

Una tarde, Rip y yo estábamos trepando por encima del muro de un recinto, tras una mangosta, y escarbábamos alrededor de un arbusto espinoso, cuando, al levantar la mirada, vimos a la señora DeSussa, con la sombrilla al hombro, observándonos.

—¡Oh, Dios mío! —exclamó—. ¡Ahí está ese perro tan precioso! ¿Me permitiría acariciarlo, señor soldado?

—Por supuesto, señora —le dije—. Está muy acostumbrado a la compañía de las damas. Ven aquí, Rip, y saluda a esta amable señora. —Y Rip, viendo que la mangosta se había escapado del todo, se acercó como el caballero que era, sin un ápice de timidez ni torpeza.

—¡Ay, qué perro más hermoso! ¡Qué bonito eres! —decía ella, canturreando las palabras a su manera, como hacen los de su clase—. Me gustaría tener un perro como tú. Eres tan, tan encantador..., terriblemente precioso... — Y toda esa charla que un perro con un poco de juicio quizás no toma muy en serio, aunque la aguante por pura educación.

Entonces lo hice saltar por encima de mi bastón, dar la pata, pedir limosna, hacerse el muerto y un montón de esos trucos que suelen enseñar las damas a los perros, aunque yo no soy partidario de ello, porque no me parece correcto obligar a un animal decente a hacer el tonto.

Al final me di cuenta de que ella llevaba ya muchos días echándole el ojo a Rip, como suele decirse. Sus hijos estaban ya crecidos, no tenía mucho por hacer, y siempre había sido muy aficionada a los perros. Así que me preguntó si me apetecía tomar algo. Entramos en el salón, donde estaba sentado su marido. Montaron un gran alboroto alrededor del perro, y a mí me ofrecieron una botella de cerveza, y él me regaló un buen puñado de cigarros.

Así que me marché, pero la vieja dama me llamó, cantando desde dentro:

—¡Oh, señor soldado, por favor, vuelva otro día y tráigame a ese perro tan precioso!

No le dije nada a la esposa del coronel sobre la señora De-Sussa, y Rip tampoco abrió la boca, así que volví a ir, y cada vez había buena bebida y un mejor puñado de cigarros. Llegué a contarle a la anciana un montón de historias sobre Rip, historias que jamás había oído: que había ganado el primer premio en una exposición canina en Londres; que había costado treinta y tres libras y cuatro chelines al hombre que lo crio; que su hermano pertenecía al príncipe de Gales, y que tenía un pedigrí tan largo como el de un duque. Ella se lo tragó todo y no se cansaba de admirarlo.

Pero cuando la vieja señora comenzó a darme dinero, y vi que se estaba encariñando en verdad con el perro, empecé a sospechar. Cualquiera puede darle a un soldado unas monedas para una pinta de manera generosa, y no hay nada malo en ello, pero cuando se trata de cinco rupias deslizadas en la mano, a escondidas, eso ya es lo que los hombres de elecciones llaman soborno y corrupción. Y más aún cuando la señora DeSussa empezó a dejar caer indirectas sobre que el tiempo frío se acabaría pronto y que ella se iría a Mussoorie Pahar, mientras nosotros marcharíamos a Rawalpindi, y que nunca volvería a ver a Rip a no ser que alguna persona conocida de buen corazón tuviera la bondad de ayudarla.

Así fue que les conté toda la historia a Mulvaney y a Ortheris, de principio a fin.

—Lo que esa vieja malvada se propone es un robo en toda regla —dijo el irlandés—. Es un delito grave en el que intenta meterte, Learoyd, amigo mío, pero yo estoy aquí para proteger tu inocencia. Te salvaré de las perversas artimañas de esa rica anciana y esta misma tarde iré contigo a decirle unas cuantas verdades sobre la honradez. Pero, Jock —añadió, meneando la cabeza—, no fue propio de ti quedarte con toda esa buena bebida y esos finos cigarros solo para ti, mientras Ortheris y yo andábamos con la garganta seca como un horno de cal, sin siquiera nada que fumar salvo tabaco de cantina. Qué mala jugada para un camarada. ¿Por qué habrías de estar tú, Learoyd, recostado en sillas de satén, como si Terence Mulvaney no fuera igual o mejor que cualquier traficante de yute?

—Déjalo en paz —interrumpió Ortheris—, así es la vida. Los que de verdad están hechos para adornar la sociedad no tienen ninguna oportunidad, mientras que un tosco *yorkshireman* como tú...

—No —dije yo—, no es a este *yorkshireman* a quien ella quiere, es a Rip. Él es el caballero en este asunto.

Así que, al día siguiente, Mulvaney, Rip y yo fuimos a casa de la señora DeSussa. Como el irlandés era un desconocido, al principio ella se mostró algo recelosa. Pero ya habéis oído hablar de Mulvaney, y podéis creer que hechizó por completo a la vieja señora, y hasta acabó confesando que quería llevarse a Rip consigo a Mussoorie Pahar.

Entonces Mulvaney cambió de tono y le preguntó, muy solemne, si había pensado en las consecuencias de enviar a dos pobres pero honrados soldados a las islas Andamán. La señora DeSussa se echó a llorar, y Mulvaney fue entonces por otro lado y la calmó, concediendo que Rip estaría muchísimo mejor en las montañas que abajo, en Bengala, y que era una lástima que no fuera con ella a un lugar donde sería tan querido. Y así siguió, avanzando y retrocediendo, maniobrando con la anciana hasta hacerle sentir que su vida no tendría sentido si no lograba quedarse con el perro.

Entonces, de pronto, Mulvaney dijo:

—Pero lo tendrá, señora, porque tengo un corazón sensible, no como este *yorkshireman* de sangre fría; aunque le costará no menos de trescientas rupias.

—No le crea, señora —dije yo—; la esposa del coronel no aceptaría ni quinientas por él.

—¿Quién ha dicho que las aceptaría? —replicó Mulvaney—. No hablo de comprárselo. Pero, por el bien de esta buena y amable señora, haré lo que jamás pensé hacer en mi vida: ¡robar!

—No diga robar —dijo la señora DeSussa—, tendrá el hogar más feliz del mundo. Los perros se pierden a menudo, ya sabe, y luego andan vagando por ahí; y él me quiere y yo lo quiero como no he querido nunca a un perro, y debo tenerlo. Si lo encuentro en el último minuto, puedo llevármelo a Mussoorie Pahar y nadie se enteraría jamás.

De vez en cuando Mulvaney me miraba de reojo, y aunque yo no alcanzaba a entender del todo qué se traía entre manos, decidí seguirle el juego.

—Bueno, señora —dije—, nunca pensé rebajarme al robo de perros, pero si mi camarada ve la manera de complacer a una señora tan buena como usted, no seré yo quien lo detenga. Aunque me parece un asunto bastante horrendo, y trescientas rupias son poca compensación frente al riesgo de acabar en esas malditas islas de las que habla Mulvaney.

—Les daré trescientas cincuenta —dijo la señora DeSussa— ¡con tal de tener al perro!

Así dejamos que nos convenciera y allí mismo ella le tomó las medidas a Rip y mandó a Hamilton's encargar un collar de plata para cuando fuera suyo, que sería el mismo día en que partiera hacia Mussoorie Pahar.

—Escucha, Mulvaney —le dije ya estando fuera—, no permitirás que se lleve a Rip, ¿verdad?

—¿Y desilusionar a esa pobre anciana? —respondió—. Tendrá su Rip.

—¿Y de dónde va a salir? —pregunté.

Mulvaney comenzó a cantar mientras caminábamos.

—Learoyd, amigo mío —dijo—, eres un buen camarada y un hombre de armas, pero tienes la cabeza de un bruto. ¿Acaso nuestro amigo Ortheris no es un experto taxidermista y un verdadero artista con esos deditos blancos y ágiles? ¿Y qué es un taxidermista sino alguien que sabe tratar pieles? ¿Recuerdas al perro blanco del sargento de la cantina? ¡Maldita sea! ¿Ese que pasa medio tiempo perdido y el otro medio gruñendo? Bien, pues ahora se perderá para siempre. Fíjate bien, es la viva imagen, en forma y tamaño, del perro del coronel, salvo que tiene la cola una pulgada más larga y no posee el distintivo color del auténtico Rip; por no hablar que su carácter es igual al de su dueño, si no peor. Pero ¿qué es una pulgada en la cola de un perro? ¿Y qué son unas manchitas negras y marrones para un profesional como Ortheris? Nada, absolutamente nada.

Nos encontramos luego con Ortheris, quien, de mente fina como una aguja, captó el asunto de inmediato. Al día siguiente se puso a practicar con tintes sobre unos conejos blancos que tenía, y después dibujó todas las marcas de Rip sobre el lomo de un buey blanco del comisariado, para familiarizarse con los colores y asegurarse de difuminar el marrón en negro con la mayor naturalidad posible. Si Rip tenía algún defecto, era que sus marcas resultaban demasiado abundantes, aunque sorprendentemente regulares, y Ortheris se preparó para hacer un trabajo de primera cuando tuviera entre manos al perro del sargento de la cantina.

Ese perro nunca había tenido buen carácter, y, por supuesto, no mejoró cuando hubo que recortarle una pulgada y media de cola. Hablad de Academias Reales si queréis, pero yo, personalmente, nunca vi pintura que superara la copia que Ortheris hizo de las marcas de Rip, mientras el perro gruñía y trataba de alcanzar al original, bien quietecito para ser copiado y tan bueno como el oro.

Ortheris siempre tuvo un orgullo capaz de levantar un globo y estaba tan satisfecho con su Rip falsificado, que quería llevárselo él mismo a la señora DeSussa antes de su partida, pero Mulvaney y yo se lo impedimos, sabiendo que el trabajo de Ortheris, por muy fino que fuera, no era más que superficial. Al final, la señora DeSussa fijó el día de su marcha a Mussoorie Pahar. Debíamos llevar a Rip a la estación en una cesta y entregárselo justo cuando ella estuviera lista; entonces nos daría el dinero, tal como habíamos acordado.

Y, Dios mío, ya era hora de que partiera. Aquellas tintas en el lomo del perro exigieron una cantidad enorme de pintura para mantener el color en su punto, y Ortheris se gastó unas siete rupias y seis *annas* en las mejores droguerías de Calcuta.

Mientras tanto, el sargento de la cantina buscaba a su perro por todas partes, pero, al tenerlo atado, el carácter del animal se volvía cada vez peor.

Ya caía la tarde cuando el tren salió de Howrah. Ayudamos a la señora DeSussa con unos sesenta baúles y, por fin, le entregamos la cesta. Ortheris, orgulloso de su obra, insistió en acompañarnos y no pudo evitar levantar la tapa para mostrar al perrillo acurrucado dentro.

—¡Oh! —dijo la anciana—. ¡Qué belleza! ¡Qué dulce se ve!

Justo entonces esa belleza gruñó y enseñó todos sus dientes, de modo que Mulvaney cerró la tapa de golpe y le dijo:

—Tenga cuidado, señora, cuando lo saque. No está acostumbrado a viajar en tren y seguro que echará de menos a su verdadera dueña y a su amigo Learoyd, así que habrá de disculparle los nervios al principio.

Ella dijo que haría eso y más por su amado y buen Rip, y que no abriría la cesta hasta encontrarse a muchas millas de distancia, por miedo a que alguien lo reconociera. Nosotros éramos soldados realmente buenos y amables, lo éramos, y ella nos pasó el fajo de billetes. Luego se acercaron algunos de sus parientes y amigos a despedirse, no más de setenta y cinco, y nosotros nos marchamos.

¿Y qué fue de las trescientas cincuenta rupias? Eso apenas puedo contarlo, pero las repartimos... Sí, las repartimos a partes iguales, porque Mulvaney dijo:

—Si Learoyd fue el primero en echarle el ojo a la señora DeSussa, también es cierto que fui yo quien revalorizó al perro del sargento en el momento justo, y Ortheris fue el genio artista que convirtió a aquel chucho de mala leche en una obra de arte. Con todo, y como muestra de agradecimiento por no habernos dejado arrastrar al delito por esa malvada anciana, daré una pequeña limosna al padre Víctor, para los pobres por los que siempre anda pidiendo.

Pero Ortheris y yo, siendo él *cockney* y yo de mucho más del norte, no lo veíamos del mismo modo. Habíamos conseguido el dinero y pensábamos quedárnoslo. Y así lo hicimos, al menos durante un tiempo.

No. Nunca volvimos a oír palabra de la rica anciana. Nuestro regimiento fue destinado a Pindi, y el sargento de la cantina se buscó otro chucho en lugar del que se perdía con tanta frecuencia..., ese que, al final, se perdió para siempre.

Capítulo 4

Conversaciones a cara de perro

NO SÉ A QUIÉN SE LE PUDO OCURRIR la milonga de que los perros acaban pareciéndose a sus dueños. Aunque para Kipling no haya nada más natural que el hecho de que Rip, el precioso fox terrier del coronel, mimetice las bondades de su magno dueño, y que el perro sin nombre, que fraudulentamente Learoyd y sus compinches entregan a la señora DeSussa, posea el mismo mal carácter que el sargento de la cantina, personalmente opino que se trata de una creencia generalizada con poco fundamento real. Y que conste que no dudo del poso de verdad que tiene la sabiduría tradicional, pero en mi caso, al menos, esta extendida suposición ha pinchado en hueso.

Ugar y Rulo son dos perros simpáticos, juguetones y extremadamente sociables que siempre están encantados de acercarse a saludar a cualquier otro perrito con el que se crucen. Por el contrario, su dueño..., bueno, no podría definirme como un misántropo; pero sí, lo reconozco, soy un poco seta. Mis queridos compañeros de cuatro patas tienen tanta necesidad de comunicarse como yo de pasar desapercibido.

Pese a ello, la inmensa mayoría de las veces hago de tripas corazón y cedo a sus necesidades. Son esos días que ellos llegan a casa agotados y satisfechos, habiendo olido decenas de culetes perrunos. Y entonces, al tiempo que descansan a pata suelta sobre la alfombra del salón, yo aprovecho para tomarme una aspirina que mitigue el dolor de cabeza causado por la grotesca mueca (solo un enfermo la llamaría sonrisa) con que tensaba el rostro mientras una simpática abuelita me informaba detalladamente del olor, el color y la consistencia de las caquitas de su pequeña pomerania enferma.

A pesar de mi natural reticencia a socializar, reconozco que la comunicación entre humanos no solo es conveniente, sino totalmente necesaria. De hecho, resulta imposible vivir dentro de una sociedad aislado de todo intercambio de información. Pues no solo la palabra hablada o escrita, también los gestos, los olores, los colores, los símbolos y las posturas corporales, incluso los silencios, poseen una intención comunicativa. Todos los animales se comunican, indiscutiblemente también nuestros perros. ¡Vaya!, pero si sabemos que hasta las plantas son capaces de «dialogar» entre ellas.

Los perros llevan milenios conviviendo estrechamente con nosotros, sometidos a su propio lenguaje y, a la vez, sumergidos en el intenso mundo comunicativo de los humanos. Nada parece más lógico que los perros, descartándonos a nosotros mismos, conformen el grupo animal que ha desarrollado estrategias comunicativas más complejas. Tanto que no solo intercambian información entre ellos, sino que también, y de forma insólita en el mundo animal, son expertos en interpretar nuestro lenguaje.

El olor de las palabras

Cómo me gustaría que en algunas ocasiones Ugar pudiera hablar, o al menos que los demás entendieran lo que en determinadas situaciones sus olfateos, gemidos y saltitos vienen a significar. Una explicación por parte de mi perrito, o como mínimo una confesión de su falta, me habría venido estupendamente el día que fuimos a renovar el carné de conducir.

Intento que Ugar me acompañe a cualquier sitio al que yo tenga que ir; es el único modo de acostumbrarlo a las distintas y posibles situaciones que podría llegar a vivir con su futuro compañero invidente. Juntos vamos al gimnasio, a la consulta del dentista, a comprar al supermercado y a la oficina de correos a recoger, ¡otra vez!, el paquete que «intentaron entregar en casa»... precisamente cuando no estábamos en casa. Así pues, ¿por qué no llevarlo conmigo al centro de reconocimiento médico de conductores?

Y qué bien estaba allí, tumbado y medio dormido junto a mis pies. Mientras que yo, con la mirada fija en la pantalla del ordenador, media lengua fuera de la boca y las manos sosteniendo fuertemente dos joysticks, trataba de que la puñetera barrita no se saliese del camino. Pues, para lo poco que me gustan los videojuegos, no se me estaba dando del todo mal... hasta que, de repente, un pestazo horrible me abofeteó el rostro. Un olor nauseabundo que inundó cada rincón de la minúscula habitación en la que solamente estábamos el médico, Ugar y yo.

Rápidamente reconocí el característico tufo de las flatulencias que se le escapan a Ugar cuando no está bien del estómago, y sin apartar la mirada de la pantalla, pero con las manos temblándome, le dije a mi perrito: «Hay que ver, Ugar, te has puesto malito». Pero mi querido compañero reaccionó como si le estuviera acusando injustamente: se puso como loco a gemir y olfatear el aire, se levantó de golpe y, el muy desagradecido, metió el hocico entre mi glúteo izquierdo y la silla. Yo sé que esa es, más o menos, su manera de comunicarme que no se encuentra bien y que necesita salir rápidamente a la calle a hacer sus cositas. Pero intuyo que el médico lo interpretó de otra forma, y, amarillo como un limón, me dio rápidamente el visto bueno para renovar el carné; probablemente para no volver a ver a aquel cochino flatulento que, para colmo, culpaba a un inocente perrillo.

No cabe duda de que la vista, el olfato y el oído contribuyen de forma decisiva a configurar la realidad en que se desarrolla el perro, pero no debemos olvidar que estos sentidos también resultan fundamentales en su proceso de comunicación.

Cuando Rulo, Ugar o cualquier otro perro husmea el trasero de un congénere, generalmente está llevando a cabo una exploración olfativa que le permite reconocer a un compañero o darse a conocer ante un desconocido. Comúnmente hemos considerado que el olfateo anal de los perros viene a ser algo similar al apretón de manos o a los dos besos en las mejillas, a los que recurrimos los humanos para saludarnos. En realidad, la inspección olfativa de las glándulas anales es un acto más complejo, que suministra una mayor cantidad de información que la de un simple apretón de manos, porque mediante esta conducta los perros pueden determinar el sexo, saber si la hembra está en celo, estimar la edad y el estado de salud, e incluso percibir el nivel de estrés del otro animal.

En tales casos, la información que aporta el olfato es sincrónica y pasajera. Sin embargo, resulta tanto o más habitual la comunicación olfativa en una escala temporal mucho más amplia mediada por el marcado con orina.

La marca en forma de orina que deja en una esquina, una farola o un árbol conforma, al igual que el olor que desprenden sus glándulas anales, una huella distintiva del perro que ofrece información propia a otro individuo. Se trata de un comportamiento que los perros han heredado de los lobos, por lo que todos los perros marcan, si bien dependiendo del sexo, la edad y el tamaño difieren en el objetivo, la frecuencia y la forma.

Así, los machos marcan con mucha frecuencia, incluso aunque ya no les quede ni una gota de orina en la vejiga, fundamentalmente con el objetivo de delimitar sus dominios, levantando una pata y proyectando hacia una zona elevada. Por su parte, las hembras marcan con menor recurrencia, en posición de cuclillas, y preferentemente con una finalidad de comunicación social y reproductiva.

Parece ser que la frecuencia de marcado con orina también está relacionada con el tamaño del animal, pues se ha observado que los perros pequeños marcan con mayor frecuencia que los grandes. Este comportamiento cabe achacarlo a que el marcaje con orina implica para el animal un riesgo menor que la comunicación directa con perros de mayor tamaño.

No obstante, la orina no es solo una fuente de odorantes para nuestros perros; también contiene unas sustancias imprescindibles para la comunicación olfativa llamadas feromonas.

La diferencia entre odorante y feromona puede parecer sutil, algunos equivocadamente los interpretan como sinónimos, pero el odorante es simplemente una sustancia volátil percibida por el sentido del olfato, que en algunas circunstancias aporta información, mientras que las feromonas conforman todo un arsenal de compuestos químicos que siempre tiene una intención comunicativa (eso sí, entre los individuos pertenecientes a una misma especie) y que además es capaz de inducir cambios en el comportamiento y la fisiología del receptor.

Sabemos, por ejemplo, que la abeja reina libera una serie de feromonas que atraen a los zánganos para realizar la cópula con ella, a la vez que impide que las otras hembras, las abejas obreras, se desarrollen sexualmente. También se ha descubierto que los machos cabríos liberan una potente feromona a través de su pelaje que induce el celo en las hembras, que las hormigas marcan con feromonas el camino hasta un alimento para que sus compañeras lo localicen, o que el sérum iluminador y reafirmante que utiliza la profesora particular de matemáticas de los niños pone como loco a mi pequeño Ugar.

Todos los martes y jueves a las 16.25 horas, Ugar acude presto a la puerta de casa con las pupilas dilatadas y un jadeo que parece que haya recorrido veinte kilómetros, y no que lleva media hora echado la siesta. De modo que dos días a la semana me toca ejercer de guardaespaldas, protegiendo a la profesora del persistente acoso de Ugar y de Rulo mientras recorremos el pasillo hasta el cuarto de los niños.

Al principio no tenía claro qué podía atraer tan intensamente a Ugar (lo de Rulo viene a ser la norma general); incluso alguien recurrió al mito de siempre y me dijo que podría ser la regla. No dudo que el tremendo olfato de estos animales pueda detectarla, pero no conozco especie cuya menstruación dure un trimestre académico completo, ni tampoco tengo nada claro que la regla humana afecte al comportamiento de los canes. Por suerte, la ciencia, y el cutis de la profesora terso como el de una muñeca, me aportaron una solución bastante más plausible a este enigma: la presencia de una feromona de atracción sexual en el rostro del amor platónico de Ugar.

Lo cierto es que las feromonas sexuales involucradas en la comunicación con fines reproductivos entre los perros se producen en las glándulas sebáceas de la vulva y del prepucio o en la mucosa uretral, y de ninguna manera en la piel que recubre el rostro de una mujer. Sin embargo, en muchos de los cosméticos que utilizamos para hidratar la piel del rostro o eliminar las indeseables manchas que se manifiestan en la cara como consecuencia del inevitable paso del tiempo aparece una sustancia llamada metildihidroxibenzoato. Este compuesto químico impide que el color y la textura de una crema facial se altere con el tiempo, pero también se trata de la principal feromona sexual que emite la vulva de las perras durante el estro, capaz de inducir como ninguna otra la excitación en los machos como Ugar.

Aun cuando hasta el momento tan solo he hecho referencia a las feromonas sexuales que volvían a Ugar loco por las matemáticas, lo cierto es que la intención comunicativa de las feromonas es muy amplia, y está directamente relacionada con la región del cuerpo que las produce. Como cabría esperar, los genitales sintetizan preferentemente feromonas implicadas en la comunicación sexual. Pero el área facial, la región anal, las glándulas mamarias e incluso las almohadillas plantares de los perros producen cantidades importantes de feromonas con intenciones comunicativas que poseen una finalidad que va más allá de la reproductiva.

En consecuencia, el rostro de los perros está repleto de glándulas productoras de feromonas: mejillas, mentón, labios y vibrisas fabrican y liberan feromonas relacionadas con la comunicación social. Por este motivo nuestros perros se huelen el hocico con insistencia y parecen regalarse cariñosos besitos. A algunos dueños se les cae la baba con las supuestas demostraciones de amor de su perrito, cuando simplemente está comunicándose con el otro, y no podemos descartar que termine soltándole un mordisco.

Las manos de los perros, concretamente la región interdigital, también poseen glándulas secretoras de feromonas. Se trata de una herencia directa de sus antepasados lobunos, pues los lobos utilizan las feromonas plantares para marcar los límites de su territorio e indicar a las manadas cercanas que esa área ya está ocupada, potenciando la señal olfativa con otra visual en forma de rascado en el suelo.

En los perros, las feromonas liberadas a través de las manos también actúan como señales de alarma, que ponen en alerta a un congénere cuando su aparato vomeronasal las recoge del medio. Podríamos decir que los perros huelen el miedo que han pasado sus semejantes, y se especula con que el pánico que acontece a un perrito cuando acude a la consulta del veterinario (aunque sea la primera vez que la visita) se deba a que percibe las feromonas de alarma que han liberado al suelo los pacientes anteriores.

Pero del mismo modo que unos perros pueden poner en alerta a otros, los propios canes, más bien las mamás recién paridas, son capaces de tranquilizar a su prole con unas feromonas que resultan tan eficaces como las galletitas de cordero y los *snacks* de salmón con Ugar cuando lo quieren subir a la mesa de reconocimiento.

Unos cuatro días después del parto, las glándulas sebáceas situadas en la línea mamaria media, que separa las dos hileras de mamas en la perra, comienzan a secretar unas feromonas muy especiales que contribuyen a calmar a los cachorros recién nacidos. Las feromonas de apaciguamiento son habituales entre los mamíferos (en los humanos no se han encontrado porque probablemente no existan) y consisten en una mezcla de ácidos grasos característica de la especie, que la madre libera hasta unos días después del destete de las crías, que en el caso de los cachorros de perro viene a ser a los cuatro meses de edad.

Los científicos han descubierto que estas feromonas no solo apaciguan a los cachorros, también calman y tranquilizan a los adultos. De manera que se ha propuesto utilizarlas para combatir el estrés del perro cuando se separa de su dueño, para tratar fobias al ruido de los truenos o los petardos, o simplemente para tranquilizarlo durante una visita al veterinario.

Agitando la cola

Los rastros olfativos se comportan entre los perros como excelentes mensajeros de información; pero probablemente el mayor repertorio de señales, particularmente indicativas del estado de ánimo y de las posibles intenciones del animal, sean las visuales. Bien es cierto que, a diferencia de muchos olores que persisten largo tiempo en el medio, las señales visuales solo resultan eficaces a corta distancia y durante escasos segundos.

Como sucede con los humanos, entre los perros también hay algunos que son más hábiles que otros en interpretar las señales comunicativas. Siempre he tenido claro que mi bichón no era demasiado avispado entendiendo las indirectas que le lanzan sus congéneres cuando se pone de un pesadito que agota, pero lo confirmé el día que casi terminamos los tres en el hospital por su equívoco con el lenguaje corporal de un mastín español.

Viendo llegar al galope por mitad del campo a aquel pedazo de masa perruna, tuve escasas dudas de lo poco amistoso de sus intenciones. Ugar, con solo nueve meses, también percibió que aquel modo directo de acercarse, con la cola erecta agitándose de lado a lado, y los músculos tensos como la cuerda de un arco a punto de dispararse, denotaba una clara amenaza, y vino corriendo para esconderse detrás de mí. Pero Rulo, ¡ay, Rulo!, solo vio otro perrito al que tratar de regalarle sus carantoñas... y se fue campo a través directo a su encuentro. Con un esprint que ni Usain Bolt en sus mejores tiempos, conseguí atrapar a mi pequeño sátiro blanco unos metros antes de lo que habría sido un desgraciado encuentro con el mastín. Por suerte, Rulo había disminuido su alocada carrera asustado por los gritos que yo le daba y las voces del pastor llamando al feroz guardián de su rebaño.

Aunque, a tenor de la (mala) experiencia, Rulo constituya una excepción, en un encuentro entre dos perros el tamaño y la postura corporal son los primeros signos visuales que informan sobre el estado anímico y las intenciones del animal. El aumento del tamaño, que logra mediante el incremento de la tensión de los músculos del cuerpo y el erizamiento de los pelos que le envuelven el cuello, suele comunicar un estado de alerta o amenaza, que puede terminar en agresión si el otro perro no se muestra sumiso. Lanzarse corriendo al encuentro de un perro enorme y enfadado denota ingenuidad, pero en modo alguno sumisión. Para hacerle saber al mastín que no suponían ninguna amenaza, mis perritos tendrían que haberse encogido como una flor que se marchita al sol, bajando el cuerpo y la cola y aplanando las orejas hacia atrás.

En relación con la postura corporal, sin duda la cola, concretamente su disposición y movimiento, supone el elemento que aporta más información visual entre los perros. Así, una cola levantada respecto a la línea de la espalda suele comunicar confianza, entusiasmo y la predisposición del animal a acercarse a otro congénere para jugar, olerse o saludar. Cuando la cola se sitúa baja o se esconde entre las extremidades posteriores, lo que coloquialmente viene a denominarse llevar «el rabo entre las patas», comunica miedo o sumisión. Pero, cuidado, si el animal mantiene la cola erguida, firme como una barra de metal, debe interpretarse que el perro no está cómodo, presenta cierta ansiedad y podría responder con un ataque. Y en este último caso poco importa que el perrito menee el rabo, pues el balanceo de la cola no siempre comunica alegría, pero sí excitación. Un perro puede agitar la cola para saludar alegremente a un conocido o para advertir a un individuo, perruno o humano, del mordisco que se avecina. Respecto a esto último, lo más fascinante es que recientes estudios científicos han verificado que los perros son capaces de detectar pequeñas asimetrías en el movimiento de la cola de otro perro, y lo que es aún más sorprendente, extraer de ello información sobre su estado de ánimo.

De este modo, cuando el perro recibe estímulos emocionalmente positivos, como la llegada del dueño a casa, una caricia o la felicitación por algo bien hecho, el movimiento de la cola se desplaza con mayor intensidad hacia el lado derecho. No obstante, si los estímulos que advierte el animal son de naturaleza negativa, como bien pudiera ser la presencia de un desconocido o la percepción de alguna amenaza, el meneo de la cola tiende a describir un recorrido mayor hacia el lado izquierdo.

Los científicos encuentran en la asimetría del movimiento de la cola y su relación con el estado anímico del animal cierta coherencia, pues es el hemisferio cerebral izquierdo, encargado de las respuestas conductuales de aproximación, el que controla el desplazamiento de la cola hacia la derecha; mientras que, por el contrario, su movimiento hacia la izquierda es manejado por el hemisferio cerebral derecho, el cual responde preferentemente a través de respuestas conductuales de evitación y miedo.

Está claro que el tamaño y la postura del cuerpo conforman dos importantes fuentes de información visual; pero, como sucede con los humanos, con frecuencia es el semblante el que delata más claramente lo que escondemos en el interior. Dicho de otro modo, la expresión facial de un perro aporta mucha y útil información sobre su condición emocional y sus intenciones, que además es fácilmente interpretable por sus congéneres.

Tradicionalmente se asumía que las expresiones faciales del perro no eran sino manifestaciones involuntarias del estado emocional del animal. Pero la ciencia ha descubierto que nuestros inseparables compañeros también pueden forzar dichas expresiones en un intento voluntario de comunicarse con los individuos de su misma especie. Y conociendo la importancia que tiene la mirada en la comunicación humana no verbal, no debe extrañarnos que sean los ojos del perro los que, en este aspecto, desempeñen el papel más relevante. De hecho, sabemos que los perros miran con regularidad a los ojos de sus compañeros buscando información, y que incluso en algunas razas en las que la comunicación visual es especialmente importante, como en los rottweiler o los dóbermans, las marcadas manchas marrones en el arco superciliar* actúan como señales atrayentes de la mirada del otro.

La orientación de la mirada resulta clave en el papel comunicativo que tiene la expresión del rostro de los perros, de modo que una mirada fija y directa a otro individuo tiene el objetivo de amenazarlo y atemorizarlo. Por el contrario, cuando el perro desvía la mirada de aquel que lo está amenazando, evitando mantener con él todo contacto visual, lo que intenta es disminuir la tensión y apaciguar al otro individuo.

Cuando Ugar, todavía con el hocico embadurnado de nata y chocolate, desvía la mirada mientras lo regaño, como si nada tuviera que ver en la desaparición del pastel de cumpleaños de la abuela, muy probablemente está tratando conscientemente de calmar a su humano, del mismo modo que lo haría con cualquier otro perro que estuviera enfadado con él.

La dureza de la mirada también cumple una función relevante en la comunicación intraespecífica de los perros. Los ojos entreabiertos, acompañados del ceño fruncido, son una forma de indicarle a un colega perruno que se está buscando un buen lío, y que, de no cambiar su actitud, la cosa puede acabar mal.

En contextos más complejos donde aparece la competencia entre individuos, como bien pueden ser la disputa por el acceso a una hembra en celo o la protección de un alimento, los perros pueden mostrar los conocidos como «ojos de ballena».

En algún momento, por muy tranquilo que sea nuestro perrito, todos hemos observado que, al tratar de quitarle un hue-

---

* Es un fragmento del hueso frontal del cráneo que se localiza por encima de la cavidad ocular, al nivel de la ceja.

so o un juguete al que tiene especial cariño, el animal gira ligeramente la cabeza mientras mantiene los ojos fijos sobre nosotros, mostrando de ese modo gran parte de la membrana blanca (la esclerótica) que recubre el globo ocular. Estos son los ojos de ballena, que, frecuentemente acompañados por un gruñido sordo y de baja intensidad, manifiestan la incomodidad de nuestro compañero ante una determinada situación, y a la vez son un signo de advertencia para que dejemos, nosotros u otros perros, de molestarlo.

La orientación y disposición de las orejas son factores que también participan de forma relevante durante la comunicación facial entre los perros, y en muchos casos completan y dan sentido a la información aportada por la mirada. Solo que el principal papel que desempeñan las orejas del perro en la comunicación no es tanto el mensaje visual que transmite su particular acomodo en la cabeza, sino, obviamente, su participación en la captación de las señales acústicas que realizan tanto sus congéneres como los humanos. Vamos, que las orejas perrunas, del mismo modo que hacen los pabellones auditivos de todos los animales, se encargan de captar los ladridos, aullidos, gemidos o gruñidos con que otro perrito trata de decirles algo.

Una de las características deseables en cualquier perro que se va a dedicar a guiar a personas ciegas es que vea limitada su tendencia a ladrar. Estos perros van a acompañar a sus dueños casi a cualquier sitio, y podemos imaginar lo incómodo que resultaría para el invidente, o para cualquier persona que comparta el lugar, tener que aguantar los ladridos del animal. Suponed que el perro se pone a ladrar en el cine en mitad de una película, en la sala de espera del médico, durante las diez horas de un vuelo intercontinental, o, por poner el caso, en una clase de biología cuando el inspector educativo está de visita en el instituto.

Ugar, en este aspecto (en realidad, en todos), es un perro excepcional; muy, muy rara es la vez que ladra, y las escasas ocasiones en que sucede suele limitarse a uno o, si acaso, dos ladridos aislados. Rulo es otro mundo, los bichones están, junto a otros perros pequeños como el caniche o el yorkshire terrier, entre las razas más ladradoras, y acostumbra a sacarme abruptamente de la siesta cada vez que un coche o un viandante pasa por delante de la puerta de casa. Menos mal que vivimos en una calle con poco tráfico, pues de otro modo apostaría por el infarto de miocardio como causa más probable de llevarme al otro barrio.

Pero Ugar, como decía, no suele ladrar. Y recalco la palabra «suele» porque hubo una ocasión en que no dejó de hacerlo durante media hora..., precisamente los treinta minutos que el inspector de educación aguantó en nuestra clase.

Mira que le advertí que esa mañana iba a venir a visitarnos una persona muy importante, una persona que quería asegurarse de que Ugar permitiera dar las clases sin ningún problema. Y siempre ha sido así: Ugar tumbado con un juguete junto a la puerta, sin hacer ni un ruido; Ugar paseándose entre las sillas olisqueando las mochilas de los alumnos, sin hacer ni un ruido; Ugar durmiendo a pierna suelta al final de la clase, sin hacer..., perdón, roncando como un rinoceronte. Pero ese día, no sé si porque percibió los nervios que me atenazaban, por la presencia de una persona desconocida en la que consideraba su clase o por una mezcla de ambas, Ugar percibió al inspector como una amenaza y no paró de ladrarle hasta que, aburrido y con cara de pocos amigos, terminó por abandonarla entre las risas de los chavales y mi preocupación por un expediente administrativo. Finalmente, no pasó nada de nada, aunque se me sugería controlar los ladridos del animal mientras estuviera en el instituto.

Lo cierto es que, en general, no resulta nada fácil evitar que un perro ladre, pues este acto constituye un mecanismo de comunicación para ellos, siendo el ladrido su vocalización más típica. No obstante, es muy probable que la acústica conforme un tipo de comunicación bastante limitada entre estos animales. Algunos etólogos consideran incluso que los ladridos, aullidos, gemidos y gruñidos, que con mayor o menor frecuencia emiten nuestros compañeros, solo tratan de atraer la atención, para, una vez lograda, utilizar señales comunicativas que, como las visuales, aportan una mayor información. Desde este punto de vista, los ladridos y el resto de los sonidos que emiten los perros habrían surgido como una especie de efecto colateral durante el proceso de domesticación.

Sin embargo, no sería del todo adecuado decir que el repertorio sonoro del perro apareciera durante la domesticación del lobo, pues estos últimos aúllan con frecuencia para fortalecer la cohesión de la manada, o como señal territorial que indica a otros grupos que ese lugar está ocupado. Y, además, no debemos olvidar que los lobos, cuando son cachorros, también ladran. Se trataría, más bien, de que algunas características que son típicas de los cachorros de lobo se han mantenido en los perros incluso en su edad adulta, como consecuencia del proceso de domesticación.

Cuando un animal conserva durante su vida adulta rasgos anatómicos o de comportamiento que son típicos o exclusivos de su etapa juvenil, decimos que ese individuo manifiesta un fenómeno biológico conocido como neotenia. El ajolote, del que hoy a duras penas sobreviven un millar de individuos en estado silvestre, sumergido en las maltratadas aguas del lago de Xochimilco con sus branquias al aire como si de un pequeño Peter Pan anfibio se tratara, constituye el paradigma de organismo neoténico.

Mas, aquí a mi lado, a miles de kilómetros del lago Xochimilco, mirándome fijamente mientras escribo en el ordenador, consciente de que está a punto de llegar la hora de su segunda ración de pienso, también se encuentra un animalito tremendamente neoténico. Y es que Ugar, como todos los de su especie, mantiene durante toda su vida la capacidad de jugar, ladrar e incluso la dependencia de la madre (que en el caso concreto de Ugar adquiere la forma de un señor de Ávila de mediana edad) que caracteriza a las crías de los lobos.

Volviendo sobre la comunicación acústica, aunque existen evidencias de que los perros pueden obtener información sobre el estado emocional de otros congéneres a través de los ladridos, aullidos o gruñidos, lo cierto es que parece que las vocalizaciones de nuestros compañeros tienen en mente un destinatario principal: nosotros.

Los perros emiten el mismo tipo de señales acústicas que sus antepasados, pero no solo conservan esta capacidad al llegar a la edad adulta (algo que raramente sucede en los lobos), sino que además vocalizan en una mayor cantidad de situaciones. La evidencia empírica de que sus primos, los zorros rojos domesticados, emiten un mayor número de vocalizaciones dirigidas a los humanos comparado con los especímenes silvestres, unido a que los perros callejeros que no conviven con las personas ven restringidos radicalmente el número y la variedad de expresiones sonoras, ha llevado a conjeturar que el comportamiento vocal de los perros constituye una respuesta adaptativa al entorno social humano surgido durante la domesticación.

Esta hipótesis plantea, por un lado, que los perros modificaron vocalizaciones ya existentes en los lobos y las adaptaron a la comunicación con los humanos. Y, por otro, que los propios humanos fueron seleccionando de forma consciente a aquellos individuos que vocalizaran en mayor medida cuando interaccionaban con los de nuestra especie, pues esta habilidad facilitaba el entendimiento entre ambos. De hecho, se cree que no solo los perros más comunicativos, sino hasta las propias señales acústicas que emitían, pudieron ser seleccionados positivamente según su eficacia en la comunicación con los seres humanos.

A la luz de lo expuesto, ya no resulta sorprendente que seamos capaces de interpretar la mayoría de los sonidos que realizan los perros: distinguir entre un ladrido de amenaza y otro para llamar la atención; diferenciar entre un gruñido con que el animal trata de inducirnos al juego de otro que denota agresividad; discriminar entre un aullido que manifiesta cierto tipo de malestar y aquel que simplemente responde al estímulo producido por la sirena de una ambulancia. Entendiendo la coevolución que se ha dado entre las señales acústicas de perro y humano, tampoco debe extrañarnos que nuestros compañeros sean capaces de distinguir el significado de hasta doscientas palabras que empleamos habitualmente con ellos, y que solo escuchando el tono de algunas expresiones sean capaces de comprender nuestro estado anímico.

Efectivamente, sabemos que los perros son capaces de interpretar con eficacia el significado emocional de las vocalizaciones humanas, asignándolas a actitudes o estados anímicos positivos (la alegría o las ganas de jugar) y negativos (el enfado o la tristeza). Los científicos no solo han comprobado que nuestros perros son capaces de asociar dichas vocalizaciones con rostros alegres o tristes, según el caso, sino que, analizando el procesado a nivel cerebral de las palabras y los tonos, han observado que aquellos relacionados con la alegría son interpretados por el hemisferio izquierdo, mientras que los asociados con la tristeza o el enfado son procesados por el hemisferio derecho. El procesamiento asimétrico de las vocalizaciones humanas nos permite deducir que estos inteligentes animales también discriminan sin problema entre estados de ánimo, utilizando como referencia el sonido.

Está claro que, a través de las vocalizaciones, especialmente el ladrido, podemos entender a los perros, y que de un modo similar ellos pueden interpretar adecuadamente algunas de las palabras y tonos que nosotros utilizamos. En la vida cotidiana nuestros perros modifican con cierta frecuencia las características de sus ladridos para comunicarnos y alertarnos sobre situaciones diferentes. Así, producen ladridos más largos y graves cuando se acerca un extraño, más agudos si se encuentran solos y nos quieren comunicar su aislamiento, o secos y continuados cuando tan solo quieren llamar nuestra atención.

Concretamente, a este último tipo pertenecían los ladridos que nos daba Ugar cuando solo era un cachorro, el mismo que los adiestradores de la ONCE nos aconsejaron ignorar por el bien del perro y de nuestra futura salud mental. Si cada vez que el perrito ladra para solicitar nuestra atención dejamos lo que estamos haciendo para hacerle caso, el animal aprenderá que esta conducta es la adecuada para lograr su objetivo, y la repetirá, para nuestra desesperación, durante toda su vida.

Después de todo, cada día parece más evidente que las vocalizaciones del perro están dirigidas, más que a los de su misma especie, a la comunicación con los humanos. Pero el resto de las estrategias comunicativas que emplean, como la visual o la olfativa, y que tan relevantes son en la interrelación de nuestros perros, ¿también podrían actuar como estrategias de intercambio de información con los humanos?

Solo para tus ojos

Si hay un aspecto referente a la relación perro-humano sobre el que los etólogos no tienen ninguna duda, es el de que hemos establecido un apego entre ambas especies muy similar al que muestra un bebé con su madre. Ya comentaba anteriormente que uno de los rasgos neoténicos que mantienen nuestros compañeros en su vida adulta es la dependencia de la madre, transformada en este caso en una vinculación de por vida a su dueño. Relación afectiva tan extraordinaria no tiene el humano con ningún otro animal, a veces ni con los de su misma especie, y ha sido responsable de que ambos, perro y humano, puedan percibir, entender y responder a las señales comunicativas que elabora la otra especie.

El apego y la cohabitación entre los perros y los humanos, tan intensa y dependiente que recuerda a una asociación simbiótica, es la causa de que nuestros compañeros sean capaces de interpretar nuestros gestos, miradas y vocalizaciones. También de que ellos mismos hayan adaptado algunas señales comunicativas, que emplean habitualmente con sus congéneres, para transmitir un significado diferente en su interacción con los humanos.

Seguramente porque el cine me gusta casi tanto como los perros, y también porque a veces me pongo de un pedante y místico que hasta me asusto, he llegado a pensar que Ugar y yo vivimos como en una película de Bergman, comunicándonos en mayor medida a través de las miradas y los gestos que con palabras y ladridos.

Así, en *Persona*, yo sería el personaje que interpreta Bibi Andersson, con sus arrebatos de amor e ira, y Ugar, la silenciosa Elisabet Vogler (en cuya piel se puso mi adorada Liv Ullmann), con unos ojos enormes y profundos como la fosa de las Marianas, que comunican más emociones que cualquier sonido que pudiera salir de su boca. En el caso de otra de las grandes pelis de Bergman, *Gritos y susurros*, lo tengo todavía más claro: yo sería los gritos y Ugar, hurtándome silenciosamente el sándwich de jamón y queso que había preparado para la cena de los niños, los susurros.

Dejando de lado las películas de culto y volviendo sobre el tema que nos compete, lo cierto es que la comunicación que mantengo con mis perros se sustenta en gran medida en nuestros gestos y miradas. Y es que sabemos que desde sus primeros meses de vida los perros acostumbran a mirarnos el rostro y a buscar constantemente nuestros ojos en una enorme variedad de situaciones en las que precisan información, aprobación o permiso.

Todos los días, cuando Ugar va a comer, perro y humano ponemos en práctica un ritual dotado de tal simbolismo y complejidad ceremonial que ya quisiera una de aquellas antiguas misas en latín. Cuando se acerca la hora fijada, y es que Ugar en el comer tiene un preciso reloj interno, el animalito se sienta delante de mí y me mira fijamente a los ojos. A continuación, me levanto y me dirijo a la cocina sin decir esta boca es mía, con Ugar saltando y rodeándome como los indios a caballo al general Custer. Mientras echo la cantidad adecuada de piensos y una pastilla de colágeno, glucosamina y ácido hialurónico para el correcto desarrollo de sus huesos y cartílagos, Ugar me clava la mirada en el rostro, con la baba resbalándole por la comisura de los labios. Finalmente, dejo los piensos en el suelo, y solo en el momento en que asiento, Ugar aparta la mirada de mí, la enfoca en el cuenco metálico de la comida y la devora en segundos. Con Rulo el ritual no es tan complejo, básicamente le pongo la comida por la mañana y, si Ugar no la alcanza antes, se la come a lo largo del día cuando más le apetece.

Sobre la historia anterior podemos realizar una interesante reflexión que nos lleva a descubrir que los perros han modificado radicalmente el significado que entre ellos tiene el mirarse a los ojos, cuando esta acción la aplican a la comunicación con los humanos. Ya conocimos en este mismo capítulo que los perros solo se miran fijamente a los ojos como señal de amenaza, y aquel que muestra sumisión debe apartarla inmediatamente a no ser que quiera desencadenar un conflicto. Sin embargo, de nuevo la domesticación ha logrado que las miradas entre perro y humano sirvan para decirse todo tipo de cosas, y desempeñan un papel especialmente destacado en lo referente a la interpretación de las señales ostensivas.

Las señales ostensivas son aquellas con las que el emisor hace saber sin el menor asomo de duda al receptor que la información está dirigida a él. Este tipo de señales pueden tomar el aspecto de una mirada, un gesto, una postura e incluso una entonación, pero siempre vienen a significar, expresado en forma de palabras, algo así como «atento, que esto va dirigido a ti».

Del mismo modo que Ugar, todos los perros (y se trata de un caso único entre los animales) interpretan el contacto visual directo con su dueño como una señal ostensiva, y entienden que cuando los miras a los ojos la comunicación que se produce a continuación está destinada solo a él.

Pero las miradas no son, ni de lejos, las únicas señales de este tipo que mantienen a nuestro compañero atento a la información que se le va a comunicar: una sonrisa también actúa con frecuencia como señal ostensible que nuestro perrito reconoce e interpreta como el paso previo a un proceso comunicativo. Cuando Ugar o Rulo me ven sonreírles u observan en mi rostro una expresión relajada y afable que va dirigida a ellos, establecen conmigo una mirada de atención que los prepara para cualquier información que les quiera dar.

De modo que, como sucede también con los humanos, cuando queramos enseñar algo a nuestros compañeros de cuatro patas es recomendable hacerlo con una sonrisa en la boca. Y si es posible, añadir, que no cuesta nada, otro tipo de indicador, en este caso auditivo, que todos en mayor o menor medida ya utilizamos cuando hablamos con un bebé. Sí, me refiero al típico tono de voz ligeramente agudo, meloso y cariñoso con el que decimos expresiones del tipo «¿qué pasa, chiquitín?», «¿quién es el perro más bonito?» y otras manifestaciones de la misma naturaleza que a ojos de un extraño nos hace parecer salidos de un capítulo de *La casa de la pradera*, pero que son muy eficaces para establecer una posterior comunicación con nuestros perritos.

Bien, pero si hablamos de signos que los perros pueden interpretar como inequívocos de que la comunicación está dirigida a ellos, no podemos olvidarnos del gesto de señalar. Sabemos que los bebés humanos, alrededor de los doce o trece meses de edad, son capaces de entender las intenciones comunicativas de los adultos cuando, en el contexto de un juego, señalan una caja opaca donde se oculta el regalo. Vale, pues parece que los perros también. Cuando un humano apunta con el dedo o con la mirada a un objeto, el perro no solo dirige sus ojos hacia dicho elemento, sino que además interpreta la intención comunicativa («mira ahí») de su dueño. Es cierto que este tipo de señales tiene sus limitaciones. Por ejemplo, recientes investigaciones han descubierto que estos animales tienen una mayor facilidad para interpretar el gesto de señalar cuando la mano no se sostiene de forma estática, sino que se desplaza continuamente; o que, en el caso de que se señale un lugar donde hay varios objetos, lo más probable es que el animal solo se fije en el más cercano. No obstante, estas mínimas limitaciones no contradicen la idea de que los perros están sintonizados con la comunicación visual humana. Dicha percepción se ve corroborada cuando sabemos que nuestros inseparables compañeros son capaces de respondernos con la misma moneda: mirando fijamente un objeto con el objetivo de comunicarnos algo sobre él.

Personalmente, me quedé muy sorprendido el primer día que Ugar alternaba de forma insistente la mirada entre mi rostro y el enorme grifo negro manchado de rodopsina y azul de metileno que tenemos en el laboratorio del instituto. Aquel día del incipiente verano hacía un calor espantoso, e imbuido en una práctica de microbiología con mis alumnos había olvidado llenar de agua el cuenco de Ugar. Un ligero gemido, que a duras penas se colaba entre las conversaciones de mis alumnos, me hizo volver la vista hacia Ugar. Allí, sentado con los ojos fijos en el fregadero, giró la cabeza para mirarme por un instante y, convencido de que le veía, la volvió enseguida hacia el grifo. No tuve ninguna duda, cogí el cuenco vacío de Ugar y lo llené con agua fresquita tal y como él me pedía.

La anterior es solo una apreciación personal, algo así como un singular y subjetivo estudio de caso, que dista de tener la más mínima relevancia científica. No obstante, estudios científicos serios han llegado a la misma conclusión: los perros muestran señales visuales con las que tratan de comunicar e influir en las actividades humanas. De hecho, sabemos que la mirada mutua entre perros y humanos libera en sus cerebros niveles ostensibles de oxitocina.

Como ya vimos en el primer capítulo, esta hormona desempeña un papel determinante en la afiliación entre la madre y su cría en todos los mamíferos, y es responsable tanto del origen del comportamiento maternal como del posterior establecimiento del apego maternofilial. Y en el caso concreto de la mirada humano-perruna, parece que la retroalimentación con oxitocina no solo nos vincula emocionalmente, sino que aumenta la motivación para establecer contacto visual, ya sea para comunicarnos algo o para solicitar nuestra atención.

A la vista de las evidencias anteriores, no parece casualidad que, en el momento en que los miramos con atención, nuestros perretes intensifiquen la cantidad y variedad de expresiones faciales que manifiestan intenciones comunicativas hacia los humanos. Es más, la selección de rasgos faciales que facilitan la comunicación visual ha provocado en los perros cambios anatómicos en la musculatura de la cara alrededor de los ojos.

Nuestros compañeros presentan una habilidad casi exclusiva entre los cánidos: levantar la ceja, que consiguen gracias a un músculo, el elevador del ángulo medial del ojo, que prácticamente no mantienen ni lobos ni coyotes, y del que no queda ni rastro en otros cánidos. Los científicos creen que esta curiosa acción, que entra dentro de las señales visuales que manifiesta un perro cuando quiere mantener nuestra atención, se asemeja al movimiento facial que hacemos los humanos cuando estamos tristes, y desencadena una respuesta empática y cariñosa hacia el animal, que los perros utilizan para promover el contacto visual con sus dueños.

El alzamiento de las cejas es, junto con los ojos grandes y tristes o el cráneo redondeado dotado de un hocico más corto, uno de esos rasgos pedomórficos que les dan el aspecto tierno y desamparado de un cachorro que tanto gusta a los humanos. No en vano, un interesante estudio que analizó las posibilidades que tenía un perrito de ser adoptado descubrió que aquellos que realizaban movimientos faciales, como levantar las cejas o sacar la lengua, cuando eran observados por sus posibles adoptantes, tenían una probabilidad mucho más alta de abandonar el refugio y ser acogidos por una nueva familia.

Después de todo, parece que la ciencia está revelándonos lo importantes que resultan las señales auditivas y visuales en la comunicación entre los humanos y los perros; pero poco, muy poco sabemos de la comunicación interespecie a través de los olores. Considerando que el olfato es uno de los sentidos más desarrollados en el perro, sería extraño que no desempeñase ningún papel en el control del intenso vínculo que existe entre estos animales y los humanos.

Recientes investigaciones han descubierto, tal y como se suponía, que nuestros compañeros no solo son capaces de extraer abundante información del olor que los humanos liberamos bajo diferentes contextos, sino también de elaborar respuestas adecuadas según la naturaleza del odorante.

Sabemos que los perros pueden reconocer a un humano concreto por el olor que emite, incluso diferenciarlo de un hermano gemelo. Que asocian el olor de su veterinario a episodios estresantes y el olor familiar de sus dueños a expectativas positivas y recompensas (evidencia que justifica que para minimizar la ansiedad por separación dejemos un objeto impregnado con nuestro olor cuando estemos lejos de nuestro perrito por un periodo largo de tiempo). Y también, como veremos en profundidad en el siguiente capítulo, que pueden percibir cambios metabólicos asociados a la presencia de ciertas enfermedades en el olor de una persona.

Y si sospechábamos que el olfato, por la importancia que tiene para el perro en la percepción e interpretación del mundo, debía desempeñar alguna funcionalidad en la comunicación entre estos y los humanos, algo similar tenía que suceder con el sentido del tacto. No en vano estamos hablando del sentido más antiguo y extendido entre los animales, indispensable para detectar presiones o temperaturas de las que depende la vida de un organismo, reconocer texturas o vibraciones que pueden ser importantes en la caza o en la evitación de los depredadores, y, por supuesto, para comunicarse.

La comunicación táctil entre los perros no es tan relevante como, por ejemplo, en los primates, los cuales llevan a cabo rituales de acicalamiento que refuerzan los vínculos del grupo, que establecen jerarquías o que utilizan para reconciliarse tras una pelea. Pero que no sea demasiado significativo no evita que en determinadas ocasiones los perros empleen el contacto físico, tanto en interacciones de tipo agonístico como, al igual que los primates, con la finalidad de reforzar los vínculos sociales. De este modo, los perros pueden utilizar la comunicación táctil en situaciones conflictivas para amedrentar a un oponente: atrapándole el hocico, situando las patas sobre él o mediante contactos físicos intensos y repetidos.

En la situación contraria, cuando el animal utiliza la comunicación táctil para reforzar los vínculos sociales con los de su misma especie, suele realizar gestos como el de apoyar la cabeza sobre el lomo del compañero (especialmente cuando duerme o descansa relajadamente), el lamido de la cara del otro animal (lo que se conoce como «lavado de cara») o agarrar con una pata el hocico del otro individuo durante el juego. Mas si este tipo de interacciones de índole comunicativa no son demasiado transcendentes en la relación entre los perros, la cosa cambia cuando se trata de su interacción con los humanos.

El hecho de que Ugar me acompañara diariamente al instituto y pasara la mañana entre pupitres, lecciones de biología y adolescentes bulliciosos, tenía por objetivo acostumbrarlo a una dinámica similar a la que podría encontrarse al guiar a su persona usuaria cuando, hipotéticamente, esta estudiase o impartiese docencia en la universidad o en otro tipo de centro educativo.* Sin embargo, pronto fui consciente de que Ugar, a la vez que aprendía, también podía echarnos una pata a la hora de enfrentar algunos de los problemas más complejos que con frecuencia acontecen en el aula.

En aquellas ocasiones, cada vez más habituales, que el chaval estallaba de ira golpeando las puertas, tirando las sillas e insultando a diestro y siniestro, el profesor no veía otra opción que enviarlo a la Jefatura de Estudios, donde pasaba la mañana hasta que conseguían calmarlo.

Una de las veces que lo vi por el pasillo dirigiéndose como loco a Dirección, se me ocurrió que Ugar podría ayudar, y le pedí al chico que me hiciera el favor de pasearlo un ratito por

---

* Los menores de edad, aunque hayan perdido completamente la visión, no pueden recibir un perro guía, al menos en nuestro país.

el patio, argumentando que era el perro quien estaba nervioso y necesitaba tranquilizarse. Reconozco que no las tenía todas conmigo y temía que la pudiera tomar con el animal, pero sucedió todo lo contrario. A través del enorme ventanal que asoma desde el laboratorio donde doy mis clases, observé al chaval sentado en el suelo del patio con la cabeza de Ugar en su regazo, acariciándolo continuamente a la vez que le dirigía unas palabras que el cristal me impedía oír. En la siguiente hora, el chico ya se encontraba en su pupitre mucho más calmado, con Ugar a sus pies haciéndole compañía. Desde entonces Ugar recorre las clases del instituto cuando un profesor demanda su ayuda para tranquilizar o simplemente hacer compañía a algún alumno que lo necesita.

Curiosamente, esta evidencia empírica, que viene a decirnos que el contacto en forma de caricia entre humano y perro repercute en el estado emocional de una persona, ha sido corroborada en repetidas ocasiones por la ciencia.

Diversas investigaciones han reportado que el simple acto de acariciar a un perro disminuye la presión arterial y las frecuencias respiratoria y cardíaca. Y se ha llegado a la conclusión de que tanto la presión arterial diastólica como la sistólica de una persona que acaricia a su perrito alcanzan valores similares a los que tendría mientras lee tranquilamente un libro sentada en el sillón. Con tal capacidad para inducir la calma en personas alteradas no es extraño que los perros sean cada vez más utilizados en entornos terapéuticos relacionados con la salud mental.

Pero hay algo más bajo el efecto sanador que tienen las caricias. Sorprendentemente, parece que el acto de acariciar a nuestro perro también puede ayudarnos a responder con mayor eficacia ante los patógenos que tratan de enfermarnos.

En una interesante investigación se analizó el contenido de la saliva de cincuenta y cinco estudiantes universitarios repartidos en tres grupos: aquellos que previamente habían acariciado un perro durante dieciocho minutos; quienes habían hecho lo mismo, solo que con un perro de peluche, y los que simplemente habían estado sentados durante ese tiempo sin contacto con perro alguno.

El análisis de la saliva, realizado antes y después del experimento, reveló un incremento considerable en los niveles de inmunoglobulina A, pero solo en los integrantes del primer grupo. Teniendo en cuenta que la inmunoglobulina A es el tipo de anticuerpo que, localizado en las mucosas, constituye la primera línea de defensa frente a los patógenos, podemos entender la importancia que tiene para nuestra salud el simple pero gratificante acto de acariciar a nuestro perro.

En virtud de las anteriores evidencias la consigna parece clara: acariciad a vuestros perros, pues repercutirá positivamente en vuestra salud. Ahora bien, ¿cómo afectan las caricias humanas al animal?

Bueno, pues todos aquellos que hemos disfrutado de la compañía de un perro sabemos que las caricias pueden ser bien o mal recibidas; todo depende de quién le acaricie, en qué lugar del cuerpo reciba la caricia y la situación bajo la cual se le acaricie.

Las caricias del dueño o de un conocido suelen ser siempre bienvenidas, pues disminuyen la presión arterial del animal y provocan la liberación de importantes cantidades de oxitocina a nivel cerebral que contribuyen a tranquilizarlo y aumentar su confianza. Además, una caricia recibida después de una acción bien realizada o de un comportamiento adecuado contribuye a reforzar esa acción o comportamiento en el animal.

No obstante, las caricias otorgadas por un desconocido no son siempre bien recibidas, menos aún si se realizan en algunas partes concretas de la anatomía del animal, como las patas, la espalda o la parte superior de la cabeza. Los perros pueden interpretar las caricias en estos lugares como señales de agresión o amenaza, y responder a ellas de forma inadecuada.

Una variante de la caricia, que permite a la vez mantener la higiene de nuestro perrito, es el cepillado, ya que, además de relajarlo, nos facilita eliminar el pelo que está cambiando (que suele terminar invadiendo la casa como una plaga de medusas voladoras) y evitar la formación de nudos.

Los perros cambian el pelaje, al igual que los lobos, en primavera y otoño, en un proceso que está regulado hormonalmente y controlado por la luminosidad y la temperatura del entorno. Y seguro que me diréis que vuestro perro pierde una abundante cantidad de pelo todos los días; y en muchos casos así es, pues las condiciones artificiales de luz y temperatura que hay en nuestros hogares alteran el proceso natural. En mi caso, a Rulo no se le cae ni un pelo, aunque para evitar que se le enreden sus vistosos rizos tengo que cepillarlo casi a diario. En radical contraste, Ugar suelta diariamente el equivalente a un peluquín, por lo que también lo cepillo todas las mañanas; si bien para los labradores, que tienen el pelo corto, con una o dos veces a la semana sería suficiente. Perros con el pelo más largo y fino, como el maltés, el yorkshire, el pastor alemán o el border collie, necesitan un cepillado diario.

Precisamente, esta mañana estaba en el parque cepillando el pelo a Ugar, cuando se nos ha acercado la abuelita de la pomerania enferma. Reconozco que llevaba unos días pensando en ambas, y me ha dado una alegría enorme saber que está totalmente recuperada.

Es posible que Kipling y todos los demás tengan algo de razón y, si bien la mayoría de los perros no tienen por qué parecerse a sus dueños, es posible que el carácter alegre y sociable de algunos de ellos acabe por contagiársele hasta al más vinagre de los humanos.

Dinah en el cielo

Kipling

No sabía que estaba muerta,
pero cuando el dolor pasó,
se sentó a esperarlo
en el suelo melado.

Con las orejas alerta y la mirada fija,
impaciente, pero resignada,
ignoraba, todavía,
que el Paraíso no admitía a su raza.

Figuras con aureolas, arpas y alas
se acercaron para reprenderla
o hablarle de asuntos celestiales,
pero Dinah no se inmutó.

Encontró un paso en la escalera
que conducía a la Puerta del Cielo;
pero hasta llegar él,
su tarea —se decía— era esperar.

Así lo evidenció con la orejas gachas,
el labio alzado con sus dientes de leche,
atenta a la lanza de Ituriel;
¡lo que no hizo sino contradecir su verdad!

De pronto, muy lejos, sobre el Puente de los Fantasmas,
aquel que cruzan las almas inquietas,
reconoció su paso entre todos,
y comprendió que había llegado él.

Los dejó preguntándose qué hacer,
pero ella no dudó.
Más rápida que su propio ruido,
se lanzó sobre el Mar de cristal,

sorprendiendo a los querubines,
resbalando al correr,
hasta refugiarse bajo la Silla de Pedro,
donde, quieta, lo esperó a él.

Entonces habló un espíritu entre la multitud:
«¿Hay alguien aquí que haya
salvado a un tonto de su borrachera,
a un cobarde de su miedo,

que haya devuelto luz a la oscuridad
cuando toda ayuda era en vano,
o que haya rescatado un alma de la desesperanza
y la haya vuelto hombre otra vez?».

«Entrad y mirad», dijo Pedro,
entreabriendo la Puerta.
«Por lo que sé de mujeres y hombres,
lejos no debe estar».

«No la conozco por virtud o palabra,
ni por promesa de gracia,
sino por la inocencia de un corazón
que jamás oyó hablar del pecado.

No por belleza ni por fe,
ni por ejemplo alguno.
Algo traviesa, quizás ladrona,
pero, sobre todo, por mía ser».

«Pasad y buscad», dijo Pedro.
«Que os vaya bien.
Por lo que sé de mujeres y hombres,
vuestro acertijo no es fácil de adivinar».

Entonces Dinah salió de debajo de la silla
y a sus brazos se lanzó,
le lamió el rostro, de la barbilla al cabello,
y Pedro dejó pasar a los dos.

Capítulo 5

Te doy mis ojos

CADA VEZ QUE RELEO EL POEMA que Kipling dedicó a su Dinah no puedo evitar emocionarme recordando a Meyra. En realidad, recuerdo con una mezcla de tristeza y mucha, mucha alegría a Luna, a Topy, a Samba o a Pongo... A todos los perros que de un modo u otro formaron parte de mi vida. Pero no puedo evitar que ante las palabras del poeta la mayoría de mis pensamientos adquieran la figura de quien fue el mejor amigo de mi hermano.

Resulta curioso que los incendios más devastadores comiencen, invariablemente, por una minúscula chispa; que eventos que llegan a ser transcendentales arranquen de forma tan insignificante que rara vez nos percatamos del gigantesco acontecimiento que pueden llegar a engendrar. Durante treinta y cinco años, mi hermano había disfrutado de una visión perfecta en una familia de miopes; hasta que una noche, al coger de la mesilla el libro que estaba leyendo, las palabras empezaron a desdibujarse como la silueta de un barco mientras se aleja sumergido bajo una sutil neblina. Al principio solo fueron las letras y los signos de puntuación, pero paulatinamente se fueron difuminando los rostros y las formas, homogeneizándose los colores bajo una densa y espesa calígine que se apoderaba de sus ojos. Tres años después solo quedó oscuridad.

Mi hermano había cruzado el Atlántico en el marco del convenio que la ONCE mantiene con el Leader Dogs for the Blind (LDB), un centro de adiestramiento de perros guía situado en Rochester (Detroit), que permite que usuarios españoles reciban un perro formado en los Estados Unidos. Así, después de tres semanas, mi hermano aterrizó en el aeropuerto de Barajas agarrado al arnés de su nuevo compañero: un precioso labrador retriever de pelo azabache llamado Meyra.

Meyra ha sido, sin duda alguna, el perro más increíble que he conocido. Un perro tranquilo, cariñoso y fiel como muchos otros, pero dotado de una intuición, una paciencia y una memoria casi prodigiosas. Siempre dispuesto a recibir las caricias de los escolares que se congregaban alrededor de mi hermano durante las charlas que impartía en los colegios. Jamás (y este no es un recurso hiperbólico de escritor) le he oído ladrar ni gruñir, ni siquiera cuando otro perro se acercaba con malas intenciones, o cada vez que alguien, en un descuido, le pisaba la cola cuando estaba tumbado a los pies de mi hermano. Me cuentan que solo una vez se encaró con una persona, y fue para defender a su humano en una situación peligrosa que, gracias a la valentía de Meyra, no fue a más.

Podría asegurar que Meyra es de los pocos perros que ha visto en directo a Pau Gasol machacar el aro ruso, que ha descendido el río Ésera haciendo rafting, o que ha roncado plácidamente entre cientos de personas que botaban en pleno concierto de rock con el estribillo de *Jesucristo García*. Y es que allá donde fuera mi hermano, se tratase de un aula de la universidad, de un partido de fútbol internacional o de la recepción real para recibir la Orden del Mérito Civil, siempre junto a él podías encontrar a Meyra.

Cuando Ugar llegó a nuestras vidas pudo conocer a Meyra, pero ya como perro jubilado y un tanto reacio a seguirle el juego a un cachorro tan intenso. No obstante, no había una visita en la que Ugar no intentara con todas sus fuerzas arrastrar a Meyra en sus juegos. A veces las circunstancias parecen ajustarse como si realmente tuvieran un sentido, pues el día posterior a que Ugar se fuera con su nueva familia, Meyra se durmió para siempre. Era como si hubiera estado esperando pacientemente para poder despedirse y ceder el testigo al pequeño Ugar.

Mi hermano es solo uno más del alrededor del millar de usuarios de perros guía que hay en nuestro país, y aunque ahora observar a un perro guiando a una persona no constituye un evento para nada especial, no siempre ha sido así.

Hasta hace no demasiado tiempo, una persona ciega solo disponía de un bastón con el que ayudarse, y con frecuencia requería de la cooperación de otro individuo para que, a modo de lazarillo, guiase sus pasos. Afortunadamente, la situación ha mejorado mucho, y gracias a perros como Meyra y Ugar, y a organizaciones como la ONCE o el LDB que se encargan de educarlos y ceder su custodia gratuitamente a quien lo necesite, las personas invidentes han alcanzado un nivel de independencia con el que antes siquiera podían soñar.

El ojo que todo lo mira

Creo recordar que fue Albert Einstein quien dijo algo así como que la imaginación humana supera con creces al conocimiento; pues siendo este muy limitado, aquella lo abarca todo. Y vaya si tenía razón, pues de qué otro modo, si no es mediante la construcción en el pensamiento de imágenes quiméricas y situaciones hipotéticas, habríamos llegado a concebir empresas tan increíbles como alunizar en nuestro satélite, viajar millas y millas a través de las profundidades del mar, o fantasear con la posibilidad de que alguna vez un animal pudiera sustituir los ojos de una persona.

Pues lo cierto es que la ficción donde un animal conduce hábilmente a una persona a través de un mundo en tinieblas parece ser incluso anterior a los primeros sueños en que los hombres se imaginaban viajando a la Luna o recorriendo los fondos oceánicos.

En el curso de la Primera Guerra Mundial, los alemanes entrenaron a perros de la raza pastor alemán para trabajar como recaderos, llevando mensajes entre batallones y corriendo de una trinchera a otra bajo una lluvia de proyectiles. El mismo conflicto que había confirmado la utilidad de los perros en el campo de batalla fue responsable de que un número nada despreciable de soldados perdiera o sufriera graves daños en la visión. El gobierno alemán, encantado con el trabajo de recaderos de sus perros pastores, decidió darles una nueva tarea: acompañar a los soldados que habían quedado ciegos. Con este objetivo se fundó la primera escuela del perro guía en la ciudad de Oldemburgo. A esta siguieron otros centros de formación en las ciudades de Potsdam y Múnich, donde se adiestraron perros para también guiar a los invidentes civiles. Tan solo diez años después de la creación de la primera escuela, se estimaba que en el Estado alemán más de cuatro mil personas ciegas utilizaban perros como lazarillos.

Solo que una cosa es que el perro guiase a su dueño en la calle o en su propia casa, y otra muy diferente, que la sociedad aceptara que un animal pudiera acceder a lugares que estaban reservados exclusivamente para los humanos. Sin ir más lejos, en los Estados Unidos de América, paradigma de las libertades hasta hace muy poco tiempo, hubo que esperar hasta el año 1931 para que una persona ciega tuviera el derecho a viajar en tren junto a su perro, siete años más para que el perro lo acompañase en un avión, y solo a partir del año 1941, ambos, perro y humano, tenían la libertad de acudir juntos a recoger un paquete a la oficina de correos.

Poco a poco las barreras sociales han ido cayendo, y no solo las administraciones, sino también los particulares aceptan sin problema, e incluso con agrado, la presencia de perros tan especiales en lugares que están vetados a los demás integrantes de su especie. No obstante, en pleno siglo XXI, todavía una persona ciega tiene que pasar el mal trago de verse rechazada por algún individuo intransigente y desconocedor de las leyes que amparan al invidente y a su perro guía.

Aquella mañana de sábado habíamos salido a dar uno de esos paseos que yo llamo largos, recorriéndonos media ciudad, que en el caso de una ciudad del tamaño de Ávila tampoco puede ser muy largo. Ugar era un cachorro de cuatro meses y, sin la capacidad para controlar la orina y las heces, todavía no me había atrevido a entrar con él en ningún lugar público.

Pero precisamente ese día se licuaron de golpe en mí los cincuenta años que tengo, y me entraron unas ganas irreprimibles de orinar.

En aquel momento fui consciente por primera vez de lo que significa envejecer, y lo único que impedía que mojara los pantalones era una coqueta cafetería que había al otro lado de la calle. Ugar y yo entramos volando... y salimos más rápido todavía ante los aspavientos y gritos destemplados de la camarera. A pesar de llevar años dedicado a la docencia, no pude hacerle entender que un futuro perro guía tiene todo el derecho a entrar en su establecimiento. Por suerte, la policía local fue bastante más persuasiva con la señora: no hay nada como una amenaza de sanción de 20.000 euros para que las cosas vuelvan a su cauce.

Después de pedir un café con leche, ¡por fin!, pude entrar en el servicio de caballeros y aliviar el peso de la edad. El problema es que el pequeño Ugar, estimulado quizás por el ruido del fluir de la orina en el urinario, también evacuó en el suelo del baño. Pensé en pedir una fregona a la buena señora, pero los años no solo me han vuelto más meón, y decidí que un pequeño charco de orina de Ugar bien compensaba la multa que se había ahorrado.

Reconozco que este ha sido el único incidente negativo que he sufrido en mi ciudad. Siempre, invariablemente, en restaurantes, supermercados, centros comerciales, administraciones públicas, autobuses, trenes o taxis, Ugar y yo hemos sido recibidos amablemente. Está claro que se trata de casos cada vez más aislados, pero que no dejan de ser episodios de discriminación por los que una persona ciega nunca tendría que pasar.

Lo cierto es que hasta el momento estoy poniendo el foco sobre el perro guía, por ser Ugar uno de ellos, pero hay otras muchas personas con capacidades y necesidades diferentes que recurren al apoyo que presta un perro adecuadamente entrenado. Estos perros son conocidos como perros de asistencia.

De forma general, podemos hablar de perros de asistencia como aquellos que han sido adiestrados para acompañar y ayudar a las personas, permitiendo que estas alcancen un nivel adecuado de independencia en el desarrollo de sus quehaceres diarios. El perro guía encaja plenamente en esta categoría, como también los perros que proporcionan apoyo a personas con discapacidad auditiva, problemas de movilidad o incluso a los niños que manifiestan alguna condición del trastorno del espectro autista (TEA).

Los perros de asistencia comenzaron a incorporarse a las familias con niños que presentan algún tipo de TEA con el objetivo de garantizar su seguridad. Bajo su supervisión, tanto en el hogar como fuera de él, el perro de asistencia se encargaba de evitar que el niño incurriese en cualquier actividad peligrosa, como salir corriendo de repente o bajarse de la acera y, en un descuido, cruzar la carretera. Sin embargo, una interesante investigación desarrollada con perros de asistencia en familias de niños con TEA descubrió que la presencia del animal no solo garantizaba la integridad física del niño, sino que además contribuía de manera apreciable al bienestar de toda la familia.

Los investigadores observaron que el contacto prolongado con el perro de asistencia desencadenaba una serie de efectos beneficiosos en el comportamiento del niño; consecuencias tan positivas para un niño con TEA como son un estado general de mayor tranquilidad, la reducción en el número y la intensidad de las rabietas, una menor frecuencia de conductas repetitivas y rutinas para ir a dormir más fáciles de gestionar.

Estas evidencias empíricas fueron confirmadas en un estudio posterior que analizó la saliva de cuarenta y dos niños con TEA antes, durante y después de la incorporación de un perro de asistencia en la familia. La cuantificación de los niveles medios de cortisol (hormona directamente vinculada al estrés) en la saliva de los niños al despertar era muy inferior durante el tiempo que el perro vivía con ellos, si se comparaba con los niveles que alcanzaba antes de que el animal formara parte de la familia. En cambio, los valores de cortisol se recuperaban rápidamente en la saliva del niño poco tiempo después de que el animal hubiera abandonado la familia.

Aunque su visibilidad en la sociedad suele ser menor que la de los perros guía o los perros de asistencia a niños con TEA, cada día hay más perros que se entrenan con el objetivo de prestar ayuda a personas cuyas deficiencias auditivas dificultan el desarrollo de una vida normal. Y es que un perro bien entrenado puede mejorar considerablemente la calidad de vida de una persona sorda, alertándola sobre determinados sonidos y, si fuese necesario, guiándola hasta la fuente que los produce.

Un estudio realizado con usuarios de estos animales descubrió que los perros pueden facilitar la vida de una persona con discapacidad auditiva severa en al menos diecisiete tareas cotidianas, disminuyendo la dependencia de otra persona e incrementando la autonomía personal. El perro era capaz de alertar a la persona cuando alguien la llamaba por su nombre, avisar al dueño cuando sonaba el timbre de la puerta o llamaban al teléfono, o advertir a su humano cuando saltaba la alarma del despertador, de un electrodoméstico o de alguna sirena de emergencia.

Existen diferentes programas de adiestramiento de perros de asistencia para personas sordas. Todos ellos siguen los estándares que establece la Assistance Dogs International (ADI), una federación global a nivel internacional que acredita a los centros de adiestramiento que cumplen dichas normas, y que se encarga de asegurar tanto las buenas prácticas como el bienestar de los perros de asistencia. La mayoría de estos programas invierten entre seis meses y un año en adiestrar al animal para que reconozca y discrimine entre diferentes tipos de sonidos, avise, tocando con la patita, a su dueño, y si es necesario, lo conduzca hasta la fuente emisora.

El adiestramiento de los perros guía, aun manteniendo una serie de estándares de calidad y asegurando inexorablemente el bienestar del animal, traza una trayectoria algo más compleja.

La ONCE sigue un criterio de selección tan exhaustivo y riguroso que, mientras realizaba mi rutinario ejercicio diario, corriendo arriba y abajo por el patio del instituto detrás de Ugar para intentar sacarle de la boca el balón que había birlado a los alumnos, me surgían serias dudas de que mi cachorro pudiera llegar a ser algún día un perro guía del nivel de Meyra.

La selección de un buen perro guía comienza incluso antes de su nacimiento, cuando se elige a quienes serán sus progenitores. Solo aquellos animales que muestran unas características genéticas, anatómicas, psicológicas y de comportamiento que se consideran adecuadas se convertirán en los patriarcas de todo un linaje de posibles perros guía.

Cuando el descendiente de tan noble dinastía alcanza las ocho semanas de vida es entregado a una familia educadora, que se encargará de socializarlo y educarlo (casi) como un perro normal durante un año. Durante este tiempo el adiestrador, un empleado de la ONCE, realiza visitas periódicas para comprobar el progreso del animal. Si todo va bien, será el mismo adiestrador quien se haga cargo del perrito una vez haya finalizado su estancia con la familia educadora.

Cuando Ugar vuelva a la Escuela del Perro Guía de la ONCE en la que nació (se me hace un pequeño nudo en la garganta al pensar que en algún momento nos tendrá que dejar), su adiestradora dedicará un trimestre completo a enseñarle algunas de las tareas que son específicas para el buen hacer de todo perro guía. En su nueva escuela, Ugar tendrá que aprender a buscar un paso de cebra y pararse antes de cruzar; localizar un semáforo en plena calle y detener a su compañero si la señal permanece en rojo; marcar la presencia de un bordillo y esquivar cualquier objeto que haya en la calzada, o, entre otras muchas tareas, deberá ser capaz de conducir al usuario hasta una parada de autobús e, incluso, situarlo con precisión junto al retrete.

Meyra era un hacha en todas esas tareas, pero Ugar... Oye, que Ugar también tiene sus puntos fuertes: es muy bueno buscando, pero los bocadillos en la mochila de mis alumnos; y por los bordillos y las escaleras no hay de que preocuparse: tirando como un toro embravecido los saltas, los primeros, y las bajas, las segundas, volando. El aterrizaje ya es otra cuestión. La verdad es que no estoy preocupado, como profesor he aprendido que con frecuencia los alumnos más rebeldes con el tiempo suelen ser los mejores.

En el caso de que mi pequeño Ugar supere los tres primeros meses de enseñanza junto a su adiestradora, pasará a la siguiente etapa de aprendizaje, en este caso, con un instructor. Este (o esta, pues son muchas las mujeres instructoras en la Escuela del Perro Guía de la ONCE) se encarga de afinar más aún las habilidades del futuro perro guía, en el sentido de adaptarlas a las necesidades de la persona invidente a quien va a tener que ayudar.

El instructor analiza el perfil de cada uno de los usuarios que solicitan un perro de asistencia, teniendo en cuenta desde factores como la edad, la altura, el peso y el nivel de actividad física, pasando por el carácter (tranquilo o más nervioso) y la ocupación (estudiante, trabajador, jubilado...), llegando incluso a considerarse hasta el lugar donde reside. Este último aspecto, que a primera vista podría parecer banal, es probablemente el más relevante, en cuanto que marca el contexto donde va a desarrollar su vida el animal. Nada tiene que ver la realidad cotidiana a la que se enfrenta un perro guía en un pueblo o en una pequeña ciudad con poco tráfico, que ni siquiera disponga de línea de metro, a hacerlo en una gran ciudad llena de personas, coches, luces y ruidos. Incluso las tradiciones de una localidad pueden determinar el carácter del perro que se asigna a un usuario. Y es que, por ejemplo, si vives en Valencia, el perro guía que acompaña a una persona ciega no puede asustarse al primer petardazo que oiga.

Una vez el instructor ha emparejado al perro con su usuario, llega el momento más esperado, cuando ambos se encuentran por primera vez. La persona ciega pasará veinticuatro horas al día durante tres semanas completas junto a su nuevo compañero en las instalaciones que pone a su disposición la ONCE. En unos pequeños pero muy cucos apartamentos ubicados en la propia Escuela del Perro Guía, humano y perro convivirán en una interacción constante durante este tiempo. En las instalaciones de entrenamiento el instructor se encargará de trabajar con ambos hasta conseguir que se acoplen como un solo individuo. Si todo va bien, como suele suceder después de tan meticuloso trabajo, viajarán a la ciudad de residencia del usuario.

Hasta esa ciudad, sea cual sea, también se desplazará el instructor para poder corregir *in situ* cualquier problema que pueda surgir, recorriendo junto a la persona y el perro que la guía los lugares que formarán parte de su rutina diaria. Semanalmente, y durante todo el primer año, el instructor llevará a cabo un seguimiento a través de informes para detectar y enmendar cualquier necesidad. En realidad, la educación de un perro guía no termina hasta su jubilación, pues la persona ciega mantiene un contacto fluido con la Escuela del Perro Guía, exponiendo los problemas o las necesidades que pueden surgir, hasta que el perro es jubilado.

El perro guía jubilado puede volver a la ONCE, donde se le buscará un nuevo dueño que cuide de él hasta el final de sus días. O también, como sucediese con Meyra, quedarse junto a su compañero ciego, ahora como perro de compañía.

¡Patas a la obra!

Una preconcepción muy común sobre el mundo de los perros es que estos animales han sido seleccionados por los humanos para ayudarnos en la realización de multitud de tareas. Es probable que los párrafos anteriores hayan contribuido a reafirmar tal percepción, más aún si sabemos que la asistencia a personas ciegas, sordas o con otras necesidades es solo una de las muchas actividades que un perro puede realizar en favor de los humanos. Pero lo cierto es que de los millones de perros que corretean por el planeta, solo unos pocos, poquísimos, trabajan junto a nosotros.

Las primeras evidencias de que disponemos sobre el empleo de perros en actividades humanas, que podríamos considerar como un trabajo, se remontan a más de 9.000 años, y se refieren casi exclusivamente a la caza. Más de un centenar de escenas cinegéticas, donde aparecen humanos y perros, forman parte del arte rupestre preneolítico que se ha encontrado en los yacimientos de Shuwaymis y Jubbah, en el noroeste de Arabia Saudí.

Las fuentes de información escrita también confirman que el primer empleo que encontraron los perros en las sociedades humanas fue dentro del ámbito cinegético. Es a Jenofonte, el famoso historiador griego que, como Platón, fue alumno de Sócrates, a quien debemos el primer tratado sobre la caza con perro. En su *Cynegeticus* expone por primera vez estrategias para seleccionar, criar y adiestrar a los perros con el objetivo de que sean buenos cazadores. Jenofonte entendía la caza como una actividad que contribuía a la alimentación de los ciudadanos, a la vez que transmitía valores muy útiles para la vida de un individuo, tales como la audacia, la paciencia o el autocontrol, además de prepararlo para la guerra.

No me cabe ninguna duda de que en los tiempos del autor de la *Anábasis* la caza fuera una actividad necesaria para la supervivencia humana, incluso acepto que su práctica pudiera dotar al ejecutor de «virtudes» muy útiles en tiempos de guerra. Sin embargo, en las sociedades modernas, aquella idílica visión de la caza no solo ha quedado profundamente anacrónica, sino que es imposible concebir la idea de que el hecho de perseguir y matar a tiros a un animal aporte al cazador algo más que el mísero placer de un vano divertimento.

Dejando a un lado la caza, que hoy en día me niego a considerar una tarea, uno de los primeros oficios en los que recibimos la inestimable ayuda de nuestros amigos fue como pastores y guardianes del ganado.

Sé que, en un primer vistazo, cuidar y pastorear el ganado podrían parecer labores similares. No en vano un pastor, cuando está en el campo con sus ovejas, las conduce por el monte, a la vez que las protege de cualquier amenaza. Solo que la multitarea es cosa de los humanos, y un mismo perro no es capaz de hacer las dos cosas a la vez, por la sencilla razón de que los patrones de comportamiento de un perro pastor son diferentes, casi opuestos, a los que debe manifestar un perro guardián. Los perros guardianes del ganado constituyen el grupo más numeroso de perros trabajadores. Resulta muy complicado encontrar alguna cultura ganadera donde este tipo de perros esté ausente. Se trata de perros que no pertenecen a una raza determinada y, si bien en nuestro país este trabajo está reservado casi en exclusiva a los mastines (en zonas ecuatoriales se prefieren animales más pequeños), los guardianes varían mucho en cuanto a tamaño y apariencia.

Tradicionalmente se ha venido considerando que el tamaño del perro resulta relevante en su capacidad para proteger al ganado, asumiendo que individuos más grandes ahuyentarán con más eficacia al depredador. Sin embargo, ahora sabemos que esta percepción no es del todo acertada. Los perros guardianes rara vez se enfrentan violentamente con un depredador, más bien interrumpen sus patrones de caza a través de acciones como el ladrido, el acoso y, a veces, mediante un intento de establecer el juego con el propio enemigo. Solo en última instancia, y en ocasiones excepcionales, se produce la agresión.

Mas si el tamaño no es un factor importante en los perros de guarda del ganado, sí lo son aspectos de su conducta como la tranquilidad, la firmeza, la obediencia y, especialmente, la capacidad para establecer un vínculo con el ganado que evite cualquier inclinación depredadora hacia quien debe proteger. Este comportamiento típico de los perros de guarda no se puede enseñar, debe ser desarrollado en el animal durante la socialización temprana.

En las primeras semanas de vida, las neuronas del cachorro se muestran especialmente sensibles y son fácilmente moldeables por las condiciones de su entorno. Es en este periodo, mediante la manipulación del ambiente donde se desarrolla el perrito, cuando se consigue que en un futuro se comporte como un buen defensor del ganado. Dentro de los factores ambientales que condicionan su aprendizaje, quizás el más importante sea una exposición temprana y continuada al ganado, que permita al cachorro establecer un vínculo con otra especie: ovejas, vacas o cabras, a las que defenderá como si fueran (que lo son) uno de los suyos.

Ni que decir tiene que cualquier perro que manifieste un comportamiento depredador no tiene cabida dentro del gremio de los guardianes de ganado. Sin embargo, precisamente un patrón motor de depredación resulta imprescindible para que un perro se convierta en un excelente pastor.

Los científicos creen que los perros pastores mantienen patrones motores que remedan el comportamiento depredador de los cánidos ancestrales de los que provienen. Precisamente es este patrón el que puede, y debe, educarse en los perros pastores. Un buen adiestrador debe enseñar a inhibir la agresión de su perro pastor, sin olvidar nunca que el perro conduce y dirige al ganado provocándoles el temor a ser depredados.

Aunque la presencia de perros, especialmente mastines, puede ser un factor decisivo que facilite la necesaria coexistencia de la ganadería y el lobo en nuestro país, la realidad es que el pastoreo tradicional está inmerso en un inevitable retroceso, y los perros guardianes y pastores de ganado, abocados a unas perpetuas vacaciones. Hoy en día, las razas de perros pastores, como los border collie, los pastores alemanes o los pastores belgas, conforman, como la mayoría, típicos animales de compañía que no han visto, ni verán, una oveja en su vida.

El desarrollo de una sociedad lleva aparejado una multitud de cambios que provocan que unos oficios desaparezcan y sean sustituidos por otros. De un modo similar sucede con las tareas donde los perros nos echan una pata. Puede que en poco tiempo ya no se dediquen a guardar ni a pastorear un rebaño, pero cada día un número mayor de perros nos ayudan en las tareas de búsqueda y rescate de otros seres humanos. Y a tenor de mi experiencia, dudo mucho que Ugar o Rulo pudieran formar parte de una de esas unidades de salvamento canina.

Aquella mañana de finales de diciembre nos encontrábamos paseando por los alrededores del pueblo, y decidí acercarme a una cantera abandonada, donde la noche anterior había escuchado el ulular de un gran búho real que estaba buscando pareja. Las incesantes lluvias del otoño habían formado en el fondo de la cantera una preciosa laguna donde Ugar se sumergió nada más llegar. Rulo, al que jamás he visto meterse en el agua por iniciativa propia, empezó por mojar una patita, luego la otra, hasta rozar suavemente el agua con el pecho.

Se me ocurrió (¡en buena hora!) lanzarlo para que, por una vez, se diera un baño en plena naturaleza. No sé si fue por el susto, por lo fría que estaba el agua o por las dos cosas a la vez, pero creía que mi bichón se ahogaba. Sin pensarlo, me tiré al agua helada, completamente vestido y con las pesadas botas de montaña puestas. Cuando lo alcancé, Rulo se me subió encima, apoyando las patas traseras sobre mi hombro, con el resto del cuerpo empapado tapándome la cara.

Intuyo que Ugar vio en aquel torpe salvamento una especie de juego, y se acercó nadando hasta encaramarse también él, con sus casi 40 kilos de perrazo, a mi espalda. No sé si lo que más me preocupaba era tener que abandonar este mundo con las vacaciones de Navidad recién estrenadas, o el ridículo de ahogarme en un charco de tres metros de profundidad, después de haberme pasado más de media vida buceando en mares inmensos. Aquel día, mientras volvía al coche completamente congelado, pero con mis chicos corriendo a mi lado sanos y salvos, me dije que no todos los perros, y mucho menos sus dueños, están hechos del material con el que se modelan los héroes.

Ugar y Rulo probablemente nunca sean unos héroes, ni falta que hace, pero Barry sí lo fue.

Barry era un mastín típico de las montañas de los Alpes que nació en el Hospicio del Gran San Bernardo en el año 1800. El refugio, situado en plena cordillera de los Alpes, en la frontera que separa Suiza e Italia, fue fundado ocho siglos antes con la finalidad de ofrecer abrigo del frío y la nieve a viajeros y peregrinos que transitaban entre el norte y el sur de Europa. Allí, durante doce años, Barry ayudó a rescatar con vida a más de cuarenta personas que se habían extraviado entre la niebla o quedado atrapadas en la nieve.

Cuentan que, ya viejito y jubilado de su tarea, Barry fue llevado a Berna como perro de compañía por uno de los monjes del hospicio, quien decidió cruzarlo para obtener una nueva raza de perro. Hibridando a los descendientes de Barry con otras razas de gran tamaño se originó el gigantesco y bondadoso perro de San Bernardo, la raza que se considera un símbolo nacional en Suiza y que representa a todos los perros de rescate.

La historia de Barry pone una fecha de inicio al empleo de los perros como rescatistas; aunque el trabajo de estos animales en el Hospicio del Gran San Bernardo parece haber sido algo más bien limitado y anecdótico. La primera evidencia que refiere a perros que sistemáticamente fueran entrenados y utilizados para localizar y salvar vidas humanas nos conduce directamente hasta la Primera Guerra Mundial. En un principio la Cruz Roja utilizó a los perros para entregar suministros médicos de primeros auxilios en el campo de batalla, pero posteriormente fueron entrenados para localizar a los soldados, vivos o muertos, entre los desolados restos que dejaba la contienda. Los «perros de ambulancia», como por entonces se los conocía, actuaban bajo la supervisión de un guía humano, que ejercía de tutor, adiestrador y compañero del animal.

Desde entonces los perros han desempeñado un papel relevante en la búsqueda de personas, ya se trate de individuos extraviados en áreas rurales, sepultados bajo los escombros de edificios derribados a causa de terremotos, atentados o conflictos bélicos, o desaparecidos en ríos, pantanos y otras masas de agua superficiales. Se estima que un perro dotado de unas buenas características, bien adiestrado y trabajando junto a un guía experimentado equivale, en términos de eficacia de búsqueda, a entre veinte y treinta rescatistas veteranos.

Y no pensemos que el imparable desarrollo de nuevas tecnologías va a desplazar a nuestros queridos compañeros de esta tarea. Su enorme capacidad de aprendizaje, la agilidad para desplazarse por terrenos irregulares y la habilidad que manifiestan para adaptarse a medios y circunstancias distintas hacen que sean superiores a cualquier tecnología de búsqueda y rastreo que tenemos disponible.

Pero, os estaréis preguntando, ¿cuáles son las característi-cas que debe poseer un perro para poder acceder a un puesto de trabajo como rescatista? Los etólogos hablan de tres requi-sitos conductuales que resultan del todo imprescindibles para esta tarea: los instintos de caza, de presa y de pelota. Cabe destacar que los tres son instintos que están direc-tamente vinculados con el juego, porque, no lo olvidemos, aunque nosotros lo consideremos un trabajo muy serio, ras-trear y localizar a una persona es para el perro un divertido juego.

Un perro dotado de un elevado instinto de caza buscará el juguete (me cuesta llamar de este modo a una persona desapa-recida, pero así es para un perro) durante largos periodos de tiempo, sin aburrirse, despistarse ni renunciar fácilmente. Si además posee un gran instinto de presa, se divertirá persi-guiendo con empeño y entrega a su guía. Y, como colofón, si conseguimos que el objeto que debe buscar adquiera la misma categoría que para él tiene su juguete favorito, desencadenan-do lo que se conoce como instinto de pelota, nos encontrare-mos ante un perro, en principio, poseedor de características excepcionales para la búsqueda y el rescate de personas.

No obstante, ser poseedor de tan formidables instintos predispone, pero no asegura, que el perro pueda dedicarse a la delicada tarea de buscar y salvar personas. Además, un buen candidato debe presentar un temperamento amigable y curio-so que facilite su adiestramiento, valorándose especialmente que se trate de individuos muy activos, de esos que no dejan a la familia ni un solo minuto de paz y tranquilidad. No es casualidad que muchos de los mejores perros de búsqueda ha-yan sido ellos mismos rescatados de los centros de acogida, donde habían sido abandonados por sus antiguos dueños, incapaces de igualar con su amor y paciencia la inagotable energía del animal.

Durante el periodo de formación, los perros de búsqueda y rastreo aprenden a reconocer diferentes huellas olfativas humanas: un perfil oloroso que se origina por la combinación del sudor con pequeñas células que se han desprendido de la piel y del cuero cabelludo, mezcladas con las moléculas químicas contenidas en los jabones, las cremas o los desodorantes que utiliza cada persona. Por este motivo, la huella olfativa es única para cada individuo; al menos mientras se mantiene con vida. Al morir, el olor que desprendemos se homogeniza rápidamente y es idéntico en todos los cadáveres humanos. La acción descomponedora de las bacterias y la degradación de los tejidos liberan moléculas volátiles muy similares en cualquier resto cadavérico. Y aunque nosotros, animales de olfato casi atrofiado, tardemos en percibir el tufillo de la muerte, los perros de rastreo lo capturan e identifican con precisión. Y no solo eso; estos animales son capaces, y se les adiestra para ello, de diferenciar sin ningún problema entre la huella olorosa de una persona viva y de otra que acaba de morir.

Sin duda es mucho lo que tenemos que agradecer a los perros de búsqueda y rescate, y no resulta extraño que todo un país vuelque sus esfuerzos al despedir a uno de estos héroes.

Así sucedió con Proteo, un perro rescatista adscrito a la Secretaría de la Defensa Nacional de México, que falleció durante las tareas de búsqueda de supervivientes entre los escombros del terremoto que asoló Turquía en el año 2023. De regreso a su país, el ataúd que portaba los restos de Proteo fue recibido con los honores que merece todo un ángel guardián que durante sus años de servicio, junto a su inseparable guía, llegó a salvar la vida de veintidós personas.

No obstante, de igual modo que sucede con las personas, a veces los héroes de cuatro patas se encuentran mucho más cerca de nosotros de lo que pensamos. Y es que rescatar a una persona de una situación complicada, e incluso llegar a salvarle la vida, también se puede hacer de otros modos, quizás más sutiles, que los que hemos visto hasta ahora.

En los malos momentos

Korina es una niña peruana que llegó al instituto a mitad de curso. Cuando eres una persona tímida con dificultades para relacionarte y aterrizas en medio de una clase llena de adolescentes que se conocen desde el parvulario, no resulta nada fácil integrarse. Durante el recreo, Korina se sentaba sola en uno de los bancos más alejados. Nadie se metía con ella, pero tampoco nadie le regalaba un «buenos días» o un simple «¿cómo estás hoy?». Para sus compañeros, Korina parecía no existir.

Por suerte, allí también estaba Ugar. Todos los alumnos adoraban a Ugar y se peleaban por sacarlo a pasear durante el recreo. Tal era el guirigay que se formaba diariamente por hacerse cargo del perrito, que desde hacía tiempo no dejaba que nadie lo sacara al patio, y lo arrastraba conmigo a la cafetería. Hasta que algún profesor propuso que se lo confiásemos a Korina. Y así, fruto de una apreciación de lo más simple, fue como Ugar rescató a la niña de la soledad que la acosaba.

El primer día vimos a Korina pasear con Ugar arriba y abajo por el gigantesco patio del instituto, esforzándose en evitar que mi perrito robara la cuerda para saltar a la comba a los alumnos de primero. Pero pocos días depués, Korina y Ugar eran acompañados en su paseo por otros chicos y chicas, unos acariciando a Ugar y otros hablando con la niña. Para acabar con el muro de soledad solo hacía falta un pequeño golpe, y ese martillazo salvador lo dio Ugar con su presencia.

Diferentes estudios científicos han comprobado que la presencia de un perro (normalmente, un perro de asistencia) facilita la conexión social entre las personas y disminuye el riesgo de aislamiento del dueño. En mi involuntario estudio de caso, os aseguro que así fue. Korina dejaba que otros compañeros dirigieran a Ugar, y ellos no dudaban en pasar la media hora del recreo con ella. Mientras escribo estas palabras sé de buena tinta que toda la clase está en la peña del pueblo celebrando el cumpleaños de Korina.

El hecho de observar a un perro dentro del aula como si fuera un miembro más de la clase puede que sea una situación novedosa en nuestro país, pero en otros lugares forma parte de la rutina diaria. La organización Healing Species* lleva casi dos décadas introduciendo perros en los colegios e institutos de los Estados Unidos de América como parte fundamental de su programa «Educación para la compasión y prevención de la violencia».

Cheri Brown Thompson, fundadora de la organización, es una abogada penalista que durante el desarrollo de su vida profesional se percató de que los delincuentes violentos manifestaban casi invariablemente dos rasgos de comportamiento: una enorme falta de empatía y el frecuente maltrato a animales durante su infancia.

* www.healingspecies.org

A partir de su experiencia, Cheri manejaba la hipótesis de que la ausencia de empatía hacia los animales durante las primeras etapas de la vida de un niño germinaba posteriormente en una dificultad para ponerse en el lugar de otra persona, y, en muchas ocasiones, se completaba haciendo del individuo un delincuente. De modo que se propuso invertir la situación enseñando a los niños a tratar a los animales (concretamente, a los perros que su fundación recogía de la calle) con respeto y cariño, como paso imprescindible para impedir, o al menos disminuir, el desarrollo de actitudes violentas en el futuro.

El proyecto para la prevención de la violencia que desarrollaron en las escuelas los miembros de Healing Species estaba estructurado en once lecciones semanales, donde un perro rescatado y su instructor trabajaban con los alumnos aspectos prosociales como la empatía, el duelo, la responsabilidad o la cooperación. La presencia del animal permitía a los alumnos ejecutar con él las diferentes conductas: tranquilizándolo cuando estaba nervioso, acariciándolo cuando buscaba cariño, o, por ejemplo, recompensándolo cuando obedecía alguna orden o ejecutaba adecuadamente una acción. Además, la presencia de los perros contribuía de forma determinante a minimizar la apatía de los participantes, que se considera, de largo, el mayor obstáculo para el funcionamiento de los planes educativos contra la violencia. Y es que cuando un perro está en el aula, ningún alumno se muestra indiferente a su presencia y la mayoría tratan de interactuar con él.

Los resultados fueron sorprendentes: el proyecto de prevención de la violencia de Healing Species que utilizaba los perros a modo de «maestros» de empatía consiguió una disminución del 62% en las conductas violentas o agresivas entre los alumnos.

Es evidente que la colaboración de los perros en terapias para prevenir la violencia resulta muy eficaz en el entorno escolar, pero su utilidad no se limita a este contexto. Recientes investigaciones han puesto de manifiesto que también se muestran muy útiles en escenarios más complejos, donde cohabitan personas conflictivas y peligrosas, como bien pueden ser las prisiones.

Los beneficios que tiene la compañía de un animal en individuos que se encuentran en una situación socialmente incómoda son conocidos desde hace mucho tiempo. En las prisiones de los Estados Unidos de América llevan décadas operando programas que se sustentan en la cooperación bidireccional que se establece entre preso y animal. Se estima que al menos ciento cincuenta y nueve prisiones de este país tienen en marcha programas con animales, que tratan de mejorar el bienestar del recluso a través del vínculo que establece con un animal.

En este tipo de programas se ha recurrido a todo tipo de especies: gatos, caballos, cabras, patos e incluso ciervos; pero no hay ninguna especie que manifieste unas habilidades sociocognitivas, consecuencia de la coevolución con los humanos, tan desarrolladas como lo hace el perro. No solo porque este animal busca con naturalidad la compañía del humano, sino, especialmente, por el hecho de que es el perro el que con mayor eficacia interpreta los gestos y los sentimientos humanos.

El programa que mejores resultados está dando en las prisiones norteamericanas es el que sigue el modelo de servicio comunitario, donde perros que han sido abandonados son educados y entrenados por los reclusos, para posteriormente ser entregados a una familia.

Mediante esta estrategia se trata de lograr un doble objetivo que beneficie a ambos actores: por un lado, perros abandonados que manifiestan problemas de comportamiento, debido al maltrato sufrido y cuyo principal destino es el sacrificio, son rehabilitados antes de formar parte de una familia de acogida; por otro, se trata de desarrollar estados prosociales en los reclusos que, al cuidar, educar y convivir con el animal, contribuyan a mejorar su bienestar en prisión. Estamos hablando, por tanto, de crear una sinergia sanadora entre perro y recluso, que además incida positivamente en toda la sociedad.

Un interesante estudio desarrollado en dos prisiones de máxima seguridad ubicadas en el estado de Carolina del Sur, donde se utilizó el programa de adiestramiento canino, reportó un alto grado de satisfacción entre la mayoría de los reclusos y trabajadores de la prisión. Los presos que ejercieron de cuidadores reconocieron que pasar el día trabajando y la noche durmiendo con los perros había reforzado en ellos emociones positivas como la calma, la alegría y la paz mental. Afirmaron también que los perros no solo les habían permitido mantener una estabilidad emocional de la que hacía tiempo carecían, sino que la presencia de estos animales además generó en ellos una sensación de normalidad y de conexión con el mundo exterior.

Pero, sin duda, lo más significativo, al menos en lo referente al aspecto psicológico, fue la identificación de algunos reclusos-cuidadores con su perro. Aquellos manifestaban que habían tratado de dar al perro maltratado (como ellos mismos lo fueron en su infancia) todo el amor y los cuidados que se les negaron cuando eran niños.

No hace falta pasar una temporada entre rejas para darse cuenta de que la presencia de un perro en nuestras vidas repercute positivamente en la salud. Los perros contribuyen a la salud y el bienestar humano desde diferentes perspectivas.

Desde un punto de vista psicológico, sabemos que un perro en la familia disminuye el nivel de estrés de todos los miembros: interactuar con un perro durante veinte minutos dos veces por semana reduce el nivel de cortisol tan eficazmente como asistir de forma continuada a clases de yoga. Y, tal y como os comenté en capítulos anteriores, se ha demostrado que hablar y acariciar a un perro incrementa apreciablemente los niveles de oxitocina, fortaleciendo el vínculo entre perro y humano y generando sensaciones positivas como la seguridad y la relajación.

Bajo un enfoque puramente biológico, sabemos que compartir microbios con nuestro perrito (siempre y cuando esté correctamente vacunado y desparasitado) repercute de forma positiva en la maduración del sistema inmunológico y en una menor incidencia de alergias infantiles.

No obstante, donde resulta claramente apreciable el impacto beneficioso de la compañía de un perro es en la salud cardiovascular de su dueño. Estudios epidemiológicos han revelado que la compañía de un perro está vinculada a mayores niveles de actividad física (al perrito hay que pasearlo varias veces al día) y una reducción, por encima del ¡30 %!, del riesgo de mortalidad debido a una enfermedad cardiovascular.

Pero nuestros queridos compañeros no solo están con nosotros en la salud, también nos acompañan, ayudan y protegen durante la enfermedad.

Las pocas veces que me he sentido indispuesto, siempre, invariablemente, Ugar y Rulo han pasado horas junto a mí, velando mi enfermedad como si quisieran protegerme de un ente que solo ellos podían percibir. Podría parecer esta una nueva apreciación antropocéntrica, si no fuera porque la ciencia ha descubierto que nuestros perritos pueden detectar hasta los más sutiles cambios fisiológicos que provoca una enfermedad.

En 1989, una mujer de mediana edad acudió a la consulta del dermatólogo empujada por la insistencia de su mascota. Cuando el doctor preguntó a la buena señora el motivo de su visita, esta se ruborizó al decir que quería que le vieran una mancha en la piel que suscitaba diariamente la curiosidad y el nerviosismo de su perrito. El tratamiento precoz contra el melanoma salvó la vida de la mujer, y llevó la tranquilidad a su perro salvador.

Os preguntaréis: ¿qué es lo que percibía el animal? Pues parece que nada tenía que ver con la forma o el color de la masa tumoral, sino con alteraciones en el volatiloma de la mujer.

La ciencia ha descubierto que durante el funcionamiento normal del metabolismo de una persona se emiten una serie de sustancias químicas volátiles características, que en conjunto se denomina volatiloma. Estos gases se liberan en concentraciones tan pequeñas que pasan desapercibidos para el olfato humano, pero no escapan de los receptores olfativos extremadamente sensibles de nuestros perros. No debería extrañarnos, los perros reconocen sin problema los estados de felicidad, miedo, estrés o preocupación de una persona a través de los compuestos odoríferos que desprende el individuo cuando se encuentra bajo un determinado estado fisiológico. De ahí que los perros también sean capaces de discriminar con facilidad la variación que sufre el volatiloma de una persona cuyo metabolismo se ha visto alterado como consecuencia de una enfermedad.

En el transcurso de una experiencia científica, desarrollada en el año 2017 por médicos del Hospital Clínic y la Universidad de Barcelona, se entrenó a un perro de tres años, cruce de labrador retriever y pitbull, para identificar los característicos compuestos volátiles que aparecen como consecuencia de un cáncer de pulmón.

El entrenamiento se basaba en el clásico refuerzo positivo mediado por recompensas, que tan efectivo resulta con estos animales. De este modo, cuando el perro se exponía al volatiloma característico de una persona enferma, se le daba un premio para que memorizara y asociara el olor con la recompensa. Tras el periodo de entrenamiento, el perro se enfrentó a diferentes muestras de aire exhalado por pacientes sanos y enfermos, que habían sido previamente recolectadas de ciento trece individuos y almacenadas en tubos de vidrio. Los resultados fueron sorprendentes: el perro mestizo fue capaz de identificar el 95 % de las muestras pertenecientes a pacientes que habían desarrollado la enfermedad, y alcanzó una eficacia superior, del 98 %, en la discriminación de aquellos otros que no estaban enfermos.

Sabiendo que el cáncer de pulmón constituye la primera causa de muerte en el mundo, y que la probabilidad de vida del enfermo depende directamente de un diagnóstico prematuro, que suele ser asintomático, podemos entender la importancia que los perros adecuadamente adiestrados pueden desempeñar en la supervivencia de tan letal enfermedad.

El entrenamiento de perros para que sean capaces de reconocer los compuestos volátiles que libera el metabolismo de las células oncogénicas constituye una línea de investigación en constante crecimiento. La bibliografía científica recoge experiencias donde los perros son capaces de identificar muestras de enfermos con cáncer de próstata, ovario, mama o colon en estadios todavía iniciales.

Pero no solo los tejidos cancerosos liberan moléculas volátiles que, detectadas por los perros, pueden hacer que estos nos pongan sobre aviso de algún padecimiento que está a punto de acontecer.

Uno de los principales problemas al que diariamente se enfrentan las personas que padecen diabetes tipo 1 son los inesperados episodios de hipoglucemia. Las inyecciones de insulina son el único medio del que disponen estas personas para controlar los niveles de glucosa que se disparan en la sangre después de una comida. Pero la misma insulina que los protege también puede amenazar sus vidas cuando disminuye peligrosamente los valores de glucosa en la sangre. Bajo estas circunstancias se producen los episodios de hipoglucemia, que pueden acarrear graves secuelas cardiovasculares y neurológicas en el individuo, cuando no (especialmente si se producen durante el sueño) arrastrarlo a la muerte.

Los perros adiestrados para este cometido, conocidos como «perros de alerta de diabetes», son capaces de reconocer el volatiloma emitido por la piel, el sudor y el aliento de una persona que está sufriendo un episodio hipoglucémico, y alertarla mediante el lamido insistente de cara o manos, ladrando de una forma característica o empujando con el hocico hasta despertarla si estaba dormida.

Después de conocer las anteriores historias, y todavía con las secuelas psicológicas aún latentes por los meses de confinamiento de la pandemia de 2019, imagino que os estaréis preguntando: ¿podrían los perretes identificar a los portadores asintomáticos del virus de la COVID, que lo propagan allá donde van sin ser conscientes de ello? En estos últimos años la ciencia se ha hecho la misma pregunta, y la respuesta parece ser afirmativa.

Recientes estudios han descubierto que los perros no pueden oler el virus de la COVID, ni virus de ningún otro tipo, pero sí son capaces de detectar a través del olfato las sustancias producidas y liberadas por las células infectadas por el virus. Moléculas dotadas de un perfil oloroso concreto que pueden aparecer en estado gaseoso y salir junto al aire exhalado, o presentarse disueltas en los aerosoles que abandonan la boca de un infectado cuando habla o tose. En uno de los múltiples estudios que actualmente se están desarrollando para utilizar a nuestros mejores amigos como detectores de personas asintomáticas del virus de la COVID, se reportó una eficacia del 90% en el reconocimiento de individuos portadores del virus.

Por todo lo que hemos conocido en este capítulo, no cabe ninguna duda de que los perros son nuestros mejores amigos, no solo porque nos hacen compañía y alegran nuestra existencia, sino también porque nos ayudan, protegen y, en multitud de ocasiones, y de un modo u otro, nos salvan la vida. Los perros guían nuestros pasos cuando todo se oscurece, nos encuentran cuando estamos perdidos y velan por nosotros ante cualquier peligro. «¿Quién rescatara un alma de la desesperanza y la haya vuelto hombre otra vez?», escribía Kipling, sabiendo perfectamente la respuesta.

Cuando Meyra se jubiló, mi hermano recibió un nuevo compañero, Xudán, que desde entonces ha sido sus ojos, su sombra y su mejor amigo. Y, sin embargo, Meyra continúa en el recuerdo de quienes lo conocimos, como el perro más leal y generoso que ha existido. Si Kipling estaba en lo cierto, Meyra estará jugando con Dinah en esa otra existencia, esperando ansioso la llegada de mi hermano para guiarle con su paso firme y delicado por caminos desconocidos.

El poder del perro

Kipling

Hay dolor suficiente en la vida
de hombres y mujeres para colmar nuestros días,
mas, aun teniendo la certeza de que el dolor llegará,
¿por qué insistimos siempre en buscar más?
Hermanos y hermanas, os advierto con sinceridad:
no entreguéis nunca el corazón a un perro, pues os lo puede destrozar.

Si compráis un cachorro, con ese dinero adquiriréis
un amor inquebrantable que no os mentirá jamás.
Devoción absoluta y eterna adoración, nutridas solo
de caricias en la tripa o en la cabeza palmaditas.
Aun así, no es del todo suficiente para que
arriesguéis el corazón y que un perro os lo pueda destrozar.

Cuando los catorce años que la naturaleza concede
acaben por asma, tumor u otros achaques,
cuando la recomendación del veterinario apunte
a la cámara letal o a una aguja cargada,
entenderéis entonces que el problema es monumental,

por haber entregado el corazón a un perro para que os lo pudiera
    destrozar.

Cuando el cuerpo que vivía presto a vuestras órdenes
con su ladrido de bienvenida se quede quieto (¡muy quieto!),
cuando el espíritu que respondía a vuestro ánimo
se haya ido —donde sea que fuere— para siempre,
descubriréis cuánto en verdad os importaba,
¡y sabréis que entregaron el corazón para que un perro lo destrozara!

Hay ya suficiente dolor natural
al enterrar el polvo divino.
El amor jamás se nos da, tan solo se nos presta
con interés compuesto del ciento por ciento.
Y aunque no siempre lo parezca, yo sospecho
que cuanto más tiempo lo tenemos, más lo sufrimos,
pues cuando las deudas deben saldarse, sea ahora o en el futuro,
un préstamo corto duele tanto como uno largo.
Entonces, ¿por qué, Dios mío (dímelo antes de llegar a ti),
deberíamos entregar nuestro corazón y que un perro lo destroce?

Capítulo 6

El perro del futuro

AYER UGAR CUMPLIÓ UN AÑO, y lo celebramos por todo lo alto. Los niños le regalaron un hueso gigantesco y le hicieron un gorro de cumpleaños: una especie de cono de cartón con caritas de payaso y un penacho de celofán azul brillante en la punta del capirote, que tardó un nanosegundo en quitarse y hacer trizas. Yo siempre he sido más de regalar experiencias que cosas tangibles y perecederas, de modo que decidí que pasaríamos la tarde jugando en el embalse que hay cerca de casa. Sabía que no iba a parar de entrar y salir del agua, y a poner el asiento del coche perdido de barro; pero, oye, aquel era un día especial. No solo por el hecho de celebrar su primer cumpleaños, sino, fundamentalmente, porque también era el último que iba a pasar con nosotros.

En efecto, qué atinado estaba Kipling al advertirnos del poder que tiene un perro, de prevenirnos frente a la dualidad afectiva que se desencadena en nosotros al amar a este animal, pues invariablemente también implica aceptar el dolor a perderlo. En solo diez meses, «el amor inquebrantable que no mentirá jamás» de Ugar también, como al poeta, me había robado el corazón. Y ahora que no podía imaginar la vida sin él, y cuando no hacía ni un año que vivía con nosotros, teníamos que separarnos para siempre.

Por supuesto, ya estábamos advertidos de antemano de que nuestra labor era tan importante como temporal; pero, no sé bien por qué el motivo, las decisiones parecen más fáciles de tomar, y las consecuencias, menos dolorosas, cuando solo se esbozan difuminadas en un futuro indefinido. Como ya habréis deducido, no soy una persona que le dé ninguna importancia a lo que todavía está por suceder. De lo contrario, habría podido prever que un pantano en cuyas orillas se congregan más pescadores de carpas que carpas alrededor de un cebo de maíz no era el mejor lugar para soltar a un perro que disfruta en el agua imitando las piruetas y los revolcones que daría un búfalo descontrolado. El cumpleaños terminó con Ugar calado, agotado y feliz, varias cañas de pescar tiradas por el suelo (creo que alguna incluso partida por la mitad) y lo que me pareció una mezcla de aplausos irónicos y abucheos cuando arrancábamos el coche.

No obstante, pese a mi natural reticencia, ha llegado el momento de pensar (o, más bien, elucubrar) sobre el futuro. En ningún caso sobre el futuro de mi Ugar, que sin duda va a ser maravilloso junto a su nueva familia, sino del porvenir que les espera a los perros (o sería deseable que les esperase) dentro de las sociedades humanas del futuro.

Dime cómo lo tratas... y te diré quién eres

No me cabe duda de que una sociedad puede alcanzar un elevado y confortable grado de bienestar pisoteando sin piedad los derechos de los individuos más débiles; pero solo si es capaz de protegerlos, el crecimiento será también de índole moral. Por ese motivo, soy de los que opinan que la forma en que las personas se comportan con sus perros dice mucho de los valores que posee la sociedad a la que pertenecen.

Es probable que algunas personas interpreten como una exageración la tentativa de vincular el modo en que se configura moralmente una sociedad a partir del trato que da y la consideración que tiene por sus perros. Pero si aceptamos que valores que deben ser universales como la empatía, la responsabilidad, la justicia, el respeto a la vida y la honestidad conforman los pilares fundamentales sobre los que debe asentarse moralmente una sociedad, no queda otra opción que descartar como éticamente reprobable cualquier daño o irresponsabilidad que se cometa con un perro.

Una sencilla reflexión que nos conduce al juicio de que cualquier individuo que sea capaz de maltratar a un perro estará predispuesto a ser deshonesto, abusar e incluso agredir a cualquier persona más débil si se le presenta la ocasión. De nuevo, esta afirmación es, en parte, una interpretación muy personal, pero cada vez es mayor el número de evidencias que vincula el maltrato animal con la violencia ejercida contra otros elementos de la sociedad.

En una conferencia pronunciada en el año 2007, dentro del cuadragésimo segundo Congreso del Instituto Anual de Justicia Penal de los Estados Unidos, se dijo: «El maltrato animal a menudo indica que una persona en el hogar también sufre. Los agresores saben que maltratar a las personas les traerá problemas, por lo que maltratan a los animales para controlar y asustar indirectamente a sus víctimas». Otro dato: una investigación que analizó los expedientes de los detenidos durante un año por el Departamento de Policía de Chicago constató que el 80% de los arrestados por algún tipo de maltrato animal tenían otros cargos relacionados con agresión, posesión de armas o tráfico de drogas.

Ni que decir tiene que una persona que maltrata a un animal, aunque se ensucie moralmente a mis ojos, no se va a convertir invariablemente en un delincuente. Pero es cierto que la crueldad animal, especialmente con nuestros compañeros más cercanos y dependientes, se puede considerar parte de un continuo de violencia dentro de una sociedad, y en un claro indicativo de los valores que la definen.

La inmensa mayoría de las situaciones que he vivido durante estos meses como compañero de Ugar han supuesto una experiencia vital inigualable, y no las cambiaría por ninguna otra. Las ha habido muy divertidas y enriquecedoras, pero también de cansancio total, durante esos primeros días de su llegada en los que yo imitaba a los zombis de *The Walking Dead* al sacarlo a hacer pipí a las cuatro de la madrugada. O de la categoría «tierra trágame», en la ocasión que le sorprendí lamiendo una pata de jamón ibérico (¡de 45 euros el kilo!) mientras hacíamos cola en la charcutería. Solo que, por desgracia, alguna situación ha sido tan dura que no me importaría que mi memoria se declarara en huelga y renunciase a recordármela.

Entonces nos encontrábamos en un pequeño pueblo de la meseta castellana al que toda la familia habíamos ido a pasar el puente de Carnaval. La enorme planicie dedicada al cultivo de cereal, con el trigo y la cebada ya cosechados, se mostraba como un lugar propicio para que Ugar y Rulo se pegaran una carrera tras otra hasta agotarse. Lástima que la perspectiva de una mañana llena de ladridos, carreras y saltos se truncase apenas transcurrida media hora, cuando en una de las escasas encinas que punteaban el terreno observamos a dos perritos colgando de una rama, con la lengua fuera y las patas traseras acariciando grotescamente el suelo seco y pedregoso. El hecho de que inesperadamente Rulo y Ugar volvieran corriendo y, temerosos como pocas veces los he visto, se pegaran a mí al punto de casi impedirme andar ya me hizo intuir que algo raro estaba sucediendo. Solo que me equivoqué: lo que allí había acontecido era terrible y monstruoso, de una vomitiva inmoralidad, pero, desgraciadamente, no era para nada raro.

Según la asociación Galgo Español España, a través de los datos aportados por la Federación de Asociaciones Protectoras de la Comunidad de Madrid, cada año se abandonan o directamente se asesinan entre 50.000 y 60.000 galgos en España. La caza con galgo es una tradición en buena parte del país, y dentro de este ámbito, aunque estoy seguro de que se trata de una minoría, algunos individuos llevan a cabo una serie de prácticas medievales con estos inocentes animalitos que repugnan a cualquier ciudadano del siglo XXI mentalmente sano.

No voy a hacer explícita ninguna de esas salvajadas (no quiero ensuciar con ellas un libro guiado por el amor hacia los animales), más allá del cruel asesinato que cometen cuando el animal no es apto para la caza o consideran que ya ha dado lo mejor de sí mismo en una actividad lúdica —y no olvidemos que también económica— que concierne a una minúscula parte de la sociedad.

Aun a tenor de los terribles datos anteriores, lo cierto es que las sociedades humanas han avanzado significativamente en la visión moral que se tiene de los animales en general, y de los perros en particular, así como en los derechos y la protección que les otorgan.

La causa principal de esta evolución podemos encontrarla en un cambio de paradigma: pasamos de ver a los perros como cosas sin sentimientos ni expectativas, a considerarlos individuos sintientes poseedores de derechos. La mayoría de las personas ya no contemplan que el perrito que vive con ellos sea un simple objeto adquirido, como un coche o una vivienda, al que hay que sacarle un provecho, sino un animal con sentimientos y personalidad propia que se alegra cuando pasa el tiempo junto a su familia y se entristece cuando se ve separado de ella.

La consideración y el valor que se les ha otorgado a los perros ha ido variando entre culturas y periodos históricos, pero hasta adquirir la categoría de seres sintientes con derechos propios (recogida en la legislación de un número todavía bastante limitado de países) invariablemente se les ha cosificado.

Es cierto que en el antiguo Egipto el perro se asociaba con Anubis, el dios con cabeza de chacal, pero su vinculación con la deidad no le libraba de ser momificado y enterrado junto a su dueño como si se tratara de una posesión más. En las culturas celta, escandinava e iraní antiguas poseer en propiedad un perro se asociaba con un estatus social elevado, pero ni aun así las pobres criaturas se libraban de protagonizar ritos y sacrificios. En la España profunda de los siglos XVIII y XIX, el perro era un compañero más en la vida rural del hombre, pero eso no evitaba que fueran maltratados y empleados en extraños y crueles tratamientos mágico-médicos para «curar» a los humanos.

Hoy en día, incluso en algunas culturas que otorgaban al perro el mísero valor de un alimento, la situación ha comenzado a cambiar. Corea del Sur ha sido un país en el que históricamente la carne de perro se consideraba un manjar, pero las generaciones de coreanos actuales tienen un punto de vista radicalmente diferente al de sus antepasados, y el consumo de carne de perro está en un rápido y brusco declive, debatiéndose incluso su total prohibición a muy corto plazo.

Si echamos la vista atrás, parece innegable que la convicción que mantiene una sociedad sobre un determinado tema tiende a modificarse a lo largo del tiempo. Las ideas, los valores y las creencias del individuo van cambiando de generación en generación, y esta transformación aparece invariablemente reflejada en las leyes que van configurando la nueva sociedad.

En nuestro país, el maltrato animal fue prohibido en el año 2003, como consecuencia de que una ley orgánica* diferenció por primera vez entre daños infligidos a los animales y los que se causaban a las cosas. Por fin, desde el ámbito legislativo, los animales dejaron de ser simples objetos, y el perro, como arquetipo de todos ellos, también. Solo que el cambio de paradigma no se completó hasta hace muy poco tiempo, cuando en el año 2021 se aprobó una ley** que reconocía a todos los animales como seres sintientes. Dos años después, en 2023, se dio un paso más en la protección de los derechos y el bienestar de los animales, parapetando bajo la

---

* Ley Orgánica 15/2003, de 25 de noviembre, de Reforma del Código Penal.
** Ley 17/2021, de 15 de diciembre, sobre el régimen jurídico de los animales.

protección de la ley* a los animales silvestres, olvidados en las leyes anteriores.

Sin embargo, esta nueva ley desprotege incomprensiblemente a aquellos animales que, como hemos visto, necesitan más de su protección: los perros utilizados en la caza. Da la impresión de que el poder que detentan determinados lobbies minoritarios tiene mayor peso que el interés general de toda una sociedad. Además, en estos momentos todo parece haber quedado en palabras prometedoras y muy buenas intenciones, pues a falta de un adecuado desarrollo normativo, que todavía está por aprobarse, tenemos una ley que difícilmente se puede aplicar.

Aunque la sociedad española, tal como refleja su legislación, es cada vez más sensible a las necesidades de nuestros inseparables compañeros, todavía encontramos con demasiada frecuencia comportamientos que atentan gravemente contra su bienestar. Dejando a un lado el maltrato físico, que por suerte se restringe a un número cada vez menor de individuos sobre el que hay que aplicar con dureza todo el peso de la ley, es el abandono la principal causa de sufrimiento entre los perros.

Si ya nos resulta difícil ponernos en el lugar de otra persona, podemos intuir la exigencia que conlleva interpretar el pensamiento y los sentimientos de un perro. Sin embargo, aunque quede impregnado de cierto tufillo antropomórfico, podemos intentarlo con la seguridad de equivocarnos muy poco, pues

---

* Ley 7/2023, de 28 de marzo, de protección de los derechos y el bienestar de los animales.

el perro es sin ninguna duda el animal, después de nosotros mismos, más humano que existe; no en vano ha coevolucionado con nosotros durante milenios. Un animal que mantiene de por vida un vínculo de amor, lealtad y dependencia con su familia humana, tanto que él mismo se interpreta más como un homínido que como un perro. Un animal cuyo máximo nivel de felicidad se alcanza cuando su dueño llega a casa, cuando lo llama para pasear o cuando lo acaricia; de quien depende para alimentarse, en el modo de conducirse e, incluso, hasta para hacer sus necesidades.

Ahora, después de todo lo dicho, imaginad que este animal, totalmente dependiente de su humano, se encuentra de repente solo en medio de una carretera, atado a una farola o en la puerta de una protectora viendo cómo su compañero, su mejor amigo, su padre y madre, su dios lo abandona, dejándolo solo y desamparado.

En este aspecto la realidad es desalentadora: según datos de la Fundación Affinity, durante el año 2024 fueron abandonados 139.789 perros, lo que equivale a que cada año son dejados a su suerte dos de cada cien. Teniendo en cuenta que los registros anteriores solo hacen referencia a los animales que fueron rescatados por alguno de los centros de acogida que tenemos en nuestro país, lo más probable es que el número de abandonos sea aún más escandaloso.

La mitad de los perros abandonados fueron encontrados en la calle, y solo uno de cada diez fue entregado a la protectora por el propio dueño. Las principales causas de abandono parecen ser las camadas no deseadas, la pérdida de interés por el animal, el cambio de domicilio y la merma del valor del perro debido a la finalización de la temporada de caza. Causas todas ellas que se pueden englobar dentro de una sola: algunas personas siguen cosificando a estos animales y negándoles todo valor moral.

El dato positivo es que más de la mitad de los perritos abandonados fueron acogidos por una nueva familia. Otros están esperando a que les des una oportunidad para formar parte de la tuya.

Un perro con personalidad

Cuando al perro se le niegan intereses y emociones, y, en consecuencia, toda consideración moral, resulta fácil instrumentalizarlo e incluso maltratarlo sin que quede en el individuo poso alguno de remordimiento. En muchas sociedades y culturas, el perro ha visto reducido su estatus al de una simple propiedad o al de un instrumento de negocio. Pero Ugar, Rulo y cada uno de los perros que viven con nosotros no son objetos ni propiedades, sino seres con sentimientos y expectativas, que sufren y disfrutan, y que, como ahora sabemos, están dotados de una personalidad propia.

Conceder, como ya ha hecho la ciencia, una personalidad concreta y única a cada perro contribuye, por un lado, a dejar de verlos como una masa homogénea, y por otro, a individualizarlos como lo que son: seres singulares e irrepetibles.

Del mismo modo que no hay dos personas iguales, tampoco existen dos perros idénticos. En lo referente a mis perritos, exceptuando el elevado nivel de sociabilidad para con sus congéneres y los humanos que ambos comparten, las diferencias de personalidad son extremadamente marcadas.

Ugar es un perro muy valiente. Nada, absolutamente nada le da miedo: ni los truenos, ni los ladridos, ni el claxon de los coches, ni siquiera una vaca avileña de 600 kilos galopando desbocada hacia nosotros porque, a pesar de mis advertencias, el perrito se empeñó en jugar con su ternero.

Rulo tampoco es miedoso, pero, en su caso, considerarlo audacia sería similar a decir que un loro entiende el significado de las palabras que repite. La carencia de miedo por parte de Rulo se debe a que, inmerso en su mundo de hadas, piruletas y unicornios, jamás ha llegado a entender que algo puede representar una amenaza. Ojo, y si hablamos de la capacidad de aprendizaje, Ugar le da sopa con ondas al pequeño bichón. En once años que lleva Rulo en la familia no ha sido capaz de aprender ni la cuarta parte de las cosas que Ugar dominaba a la perfección con solo diez meses de vida.

Ahora os estoy hablando de aspectos como la capacidad para aprender, la sociabilidad o el miedo como indicadores de la personalidad de un perro, sin siquiera haber explicitado en qué consiste tan compleja característica. Bien, pues, aunque se trata de una característica multifactorial difícil de definir, la mayoría de los etólogos se decantan por considerar que la personalidad de un perro consiste en una serie de patrones de comportamiento que se mantienen en diferentes contextos y a lo largo del tiempo.

Como la mayoría de las definiciones que tratan de ser exhaustivas, la anterior adolece de varios defectos, debido principalmente a la dificultad que para cualquier individuo tiene mantener un mismo comportamiento de forma continuada en el tiempo y bajo diferentes situaciones. Sin embargo, aun siendo conscientes de que el contexto en el que se encuentre el animal podría alterar sus patrones de comportamiento, esta es la mejor definición de personalidad perruna de la que disponemos.

Los científicos han llegado a la conclusión de que para conocer la personalidad de un perro se deben analizar cuatro patrones más o menos estables de la conducta o rasgos de la personalidad. Estos son la valentía, entendida como la aproximación o evitación de situaciones y objetos novedosos; la sociabilidad, reflejada en interacciones amistosas con personas y animales; la capacidad de aprendizaje o resolución de problemas, y la tranquilidad, también considerada desde el enfoque contrario, como un mayor nivel de actividad e impulsividad.

No obstante, una cosa es saber qué se tiene que medir, y otra muy distinta, cómo se pueden hacer esas medidas de un modo objetivo. Por suerte, disponemos de una gran cantidad y variedad de pruebas para evaluar la personalidad de otra especie, el *Homo sapiens*, que no casualmente los etólogos han adaptado para la investigación en los perros. En tal sentido, existe una variante canina del modelo de los cinco grandes factores de la personalidad humana, o una versión que surge de la adaptación a los perretes del cuestionario que evalúa el trastorno por déficit de atención e hiperactividad en los niños.

Aunque cada vez son más las herramientas de las que disponemos para analizar la personalidad de un perro, todavía son muchos los interrogantes que quedan por resolver. Eso sí, hay dos aspectos que la ciencia tiene muy claros: el primero es que cada perro está dotado de una personalidad propia, y el segundo es que los rasgos que definen su personalidad se ven afectados por factores tanto ambientales como genéticos.

Centrándonos en primer término en el componente ambiental, tenéis que saber que existe una etapa en la vida del perro que resulta decisiva en el desarrollo de su personalidad.

El intervalo de tiempo que se extiende desde las tres hasta las doce semanas de vida de un cachorro se conoce como periodo de socialización, y todo aquello que aprenda o deje de aprender en esta etapa marcará en gran medida la manera de ser del perro cuando llegue a adulto.

Durante esta fase del desarrollo temprano, el cerebro del cachorro se muestra especialmente receptivo a todo tipo de experiencias y aprendizajes, a los que se expone interactuando tanto con otros perros como con los humanos. Situaciones que dejarán una impronta emocional —en algunos casos positiva y en otros negativa— en el perro. No debería extrañarnos que un cachorro que ha sufrido una agresión por parte de un congénere se comporte en el futuro como un animal miedoso e inseguro con los de su especie. Ni tampoco que aquel otro que no ha recibido una adecuada socialización con los humanos se muestre temeroso o, por el contrario, agresivo con las personas.

Para conseguir una buena socialización, el cachorrito debe pasar las siete primeras semanas desde el nacimiento junto a su madre y hermanos. Durante ese tiempo desarrollará la capacidad de reconocerse a sí mismo como perro, además de asimilar algunas normas básicas de comportamiento con los de su especie, que distan mucho de ser innatas. Ya durante los primeros días de vida, el perro también debe empezar a mantener un contacto regular con los humanos (especialmente a través de las caricias), para que nos acepte y asocie como una especie afín de la que no tiene nada que temer.

Si queremos que el animal desarrolle una personalidad equilibrada, una vez ha sido destetado (nunca antes de las siete semanas), el cachorro debe ahora continuar con el proceso de socialización dentro del nuevo contexto que supone su familia humana. Esto se logra favoreciendo la interacción del animal con otros perros y con diferentes personas, frecuentando lugares donde se exponga a sonidos y estímulos que vayan a ser habituales en su entorno, presentándole situaciones que minimicen el miedo al contacto físico, en las que sea acariciado, manipulado, peinado o lavado.

Cada vez son más las investigaciones que ponen al descubierto la transcendencia que tiene el aspecto ambiental en la configuración de la personalidad del perro. Un buen número de estudios científicos han encontrado una serie de aspectos francamente interesantes sobre el complejo vínculo que se establece entre personalidad y crianza.

Uno de estos hallazgos viene a confirmar que la construcción adecuada de la personalidad pasa necesariamente por que el animal forme parte de la familia humana antes de las doce semanas de edad que, en mayor o menor medida según la raza, marcan el final del periodo sensible. Así, se ha observado que los perros que han vivido con una familia antes de cumplir el tercer mes eran más audaces, más sociables con personas y animales, manifestaban una mayor predisposición y capacidad para aprender, y, especialmente, se mostraban más tranquilos que aquellos otros que habían llegado al hogar con una edad superior.

Un caso especial lo conforman los perros adultos que son acogidos por primera vez por una familia. Estos animales, en su mayoría con un contacto previo muy limitado con las personas, manifestaban el conocido como «síndrome de la perrera», que se caracteriza por una exposición baja o casi nula a estímulos sociales, y se refleja en una personalidad nerviosa y retraída. Algo similar se ha descubierto con los perros que se compraban en las tiendas de mascotas: por norma general, desarrollan mayor miedo hacia las personas y otros perros, tienden a ser más sucios en el hogar y, para colmo, se muestran más agresivos que los que han sido adquiridos a través de criadores no comerciales.

Otro factor ambiental que influye en la personalidad de los canes, quizás este más visible y esperado, evidencia que el contacto frecuente del perro con su humano resulta clave en la adquisición de rasgos positivos de la personalidad, tales como la sociabilidad y la calma. Varios estudios científicos descubrieron que los perros más sociables y tranquilos mantenían una interacción diaria y constante con su dueño, mientras que, por el contrario, aquellos que pasaban menos de tres horas con él se mostraban invariablemente más nerviosos y eran marcadamente menos sociables.

La ciencia ha puesto al descubierto otros muchos factores relacionados con la crianza que parecen influir en la forma de ser de un perro. Entre otras, disponemos de investigaciones que afirman que los perros castrados o esterilizados son más nerviosos; que los perros que viven en familias numerosas suelen ser más desobedientes, agresivos y menos amigables; que los perros cuyo dueño es una mujer son más obedientes y sociables, aunque menos atrevidos que los que viven con un hombre, o que los perros que se muestran más fácilmente adiestrables y extrovertidos tienen dueños con edades comprendidas entre los treinta y los sesenta años.

Reconozco que muchas de estas conclusiones me han sorprendido, no debemos olvidar que la mayoría de las anteriores investigaciones correlacionan rasgos de personalidad con las condiciones de crianza del animal, y que correlación no siempre implica causalidad. Mas hay una de ellas, la que afirma que los humanos con experiencia en crianza de perros tienen animales mucho más tranquilos, es con diferencia la que más se aleja de mi realidad actual.

Para un individuo que ha pasado casi toda su vida rodeado de perros (a veces creo que me he relacionado más con estos animales que con los de mi especie) sería de esperar que mi Ugar hubiera salido tan tranquilo como su compañero Rulo. Diariamente el bichón se da un relajado paseíto, oliendo y marcando con parsimonia y constancia todos los rincones y árboles del jardín de casa. Sin embargo, Ugar, en ese mismo intervalo de tiempo, ya ha sido capaz de convertir el césped en un queso emmental, pelearse a muerte con la red de la portería de los niños, arrancar las ramas de la celinda que plantó mi abuela hace cuatro décadas y saltar a la parcela del vecino a continuar con las labores de poda y jardinería. Y es que responsabilizar únicamente a la crianza del fenotipo que manifiesta un individuo resulta tan erróneo como vincularlo exclusivamente a su patrimonio genético.

Hemos visto que los rasgos que conforman la personalidad de un perro poseen un condicionante ambiental, pero también sabemos que tienen una importante contribución genética que los hace, en parte, hereditarios. A modo de rápida ilustración: diferentes estudios científicos han llegado a la conclusión de que la docilidad que presenta un perro y su predisposición al miedo son caracteres que están vinculados en más del 50% a los genes; o que el patrón de agresividad que caracteriza a nuestros compañeros de cuatro patas tiene un peso genético que en algunos individuos llega a alcanzar hasta el 80%.

No debe extrañarnos el hecho de que la personalidad que manifiesta el perro también posea una base genética, pues ha sido precisamente el componente hereditario, expresado externamente en la manera de comportarse, lo que hemos estado seleccionando al crear las razas de perro según la función que deseábamos que desempeñasen para nosotros. Del mismo modo que en algunos casos hemos escogido a los individuos que debían reproducirse guiándonos por las características anatómicas que nos interesaban, también hemos seleccionado conscientemente rasgos del carácter del animal que presentan un alto componente de heredabilidad.

Es tan sencillo como que ciertas razas deben manifestar un determinado rasgo de personalidad para ser eficientes en la tarea que les encomienda el humano, y en cambio no ocurre lo mismo con otras razas. Así, como ya conocimos en el capítulo anterior, las razas que se crearon para proteger al ganado no pueden mostrar en ningún caso una conducta depredadora, mientras que, por el contrario, los perros de caza o de pastoreo no resultarían eficientes en su labor si careciesen de este patrón concreto de comportamiento.

Con todo, aun sabiendo de la existencia de cierta homogeneidad en la personalidad de los perros que pertenecen a una misma raza, la cría selectiva no puede asegurar un comportamiento racial característico. Entre los individuos de una misma raza existe una enorme variación en cuanto a los rasgos de la personalidad. Al menos desde las evidencias científicas de las que disponemos, no es adecuado encajar a un perro en concreto dentro de los patrones de comportamiento que se le asumen a la raza. Afirmaciones del tipo «los dóbermans y los pitbulls son perros muy agresivos», «los labradores y los golden retriever son tranquilos y fáciles de manejar» o «las razas pequeñas son muy nerviosas y tienen mal carácter» no dejan de ser generalizaciones inadecuadas y de constituir falsos estereotipos, responsables de que en ocasiones se tomen decisiones equivocadas.

La antigua legislación sobre la tenencia de perros potencialmente peligrosos constituye un caso paradigmático que nos puede ayudar a entender el error que se comete al encajar a un animal concreto dentro del determinado patrón de comportamiento que asumimos (habitualmente sin fundamento científico) en una raza. La ley catalogaba a razas como el dóberman, el pitbull terrier, el rottweiler o el akita inu como razas potencialmente peligrosas, dando por hecho que la agresividad es un factor altamente heredable y con poca variación entre los individuos de una misma raza. La ciencia nos ha demostrado que, al menos en la segunda suposición, los legisladores estaban equivocados.

Un interesante estudio analizó el comportamiento, especialmente la predisposición a respuestas beligerantes, de ocho razas catalogadas sistemáticamente como agresivas y peligrosas, y de otras diecisiete que suelen ser consideradas pacíficas y amistosas. Con este objetivo utilizaron dos herramientas psicométricas validadas y reconocidas dentro del campo del comportamiento animal: la Escala de Evaluación de Impulsividad Canina y la Escala de Sensibilidad Positiva y Negativa. Bien, pues los investigadores no encontraron diferencias significativas entre los dos grupos en cuanto a la conducta agresiva. Pero, llamativamente, sí detectaron una variación enorme en lo referente a este rasgo de la personalidad entre individuos pertenecientes a la misma raza. De este modo, llegaron a la conclusión de que la raza no es por sí misma un predictor fiable de las tendencias conductuales individuales.

Evidenciado que el componente genético interviene de forma relevante en la configuración de la personalidad de un perro, llega el momento de saber si ya se conoce alguna relación directa entre genes concretos y el efecto que estos desencadenan sobre el comportamiento que muestra un animal. La respuesta es afirmativa en grado múltiple. Sorprendentemente, una de las primeras investigaciones que identificó el vínculo de un gen en particular con su efecto conductual se logró estudiando el comportamiento agresivo del, por regla general, gracioso, juguetón y afectuoso cocker. El cocker spaniel inglés no se considera una raza en absoluto agresiva (en realidad, como hemos visto, ninguna raza por sí misma lo es). No obstante, a lo largo del tiempo se ha observado que algunos individuos pertenecientes a determinadas líneas de crianza mostraban comportamientos anormalmente belicosos con las personas. Esta evidencia empírica parecía indicar el carácter hereditario, y la participación de un componente genético, en tan relevante rasgo de la personalidad de un perro.

En busca de los genes responsables, los científicos focalizaron su atención en los receptores y las enzimas que participan en el complejo de neurotransmisores del sistema nervioso central, pues se considera que son importantes reguladores del comportamiento de un individuo. Los resultados no tardaron en llegar. Se descubrió que ciertas variables alélicas de genes que codifican receptores y enzimas de los sistemas de neurotransmisores cerebrales (relacionados con la serotonina, el GABA* o la dopamina) conformaban uno de los factores que predisponen al animal para un comportamiento agresivo con

---

* Ácido gamma-aminobutírico. Se trata del principal neurotransmisor inhibidor del sistema nervioso central. Su acción sobre las neuronas induce la relajación y la disminución de la ansiedad en el individuo.

humanos, no solo en los cocker, sino en cualquier otra raza de perros.

Trabajando en esta misma línea, una investigación desarrollada con perros de la raza shiba inu descubrió que pequeñas variaciones en el gen *c.471* (donde una timina aparece cambiada por una citosina), que codifica una proteína transportadora en las neuronas cerebrales, estaban significativamente asociadas con un mayor índice de actividad y la agresión a extraños.

Curiosamente, idéntica modificación del alelo del gen *c.471* en los labradores retriever, que, al igual que Ugar, estaban siendo entrenados para desempeñarse como futuros perros guía, también se manifestaba en una mayor actividad, pero no desembocaba en agresión, sino en un carácter más activo, que era deseable como futuro acompañante de una persona ciega.

Cada vez parece más claro que en la personalidad que identifica a un perro como ser único, la genética y el ambiente se entremezclan de un modo complejo. El modo de ser de un perro depende tanto de los genes que posee como del entorno en el que se desarrolla; este último, como ya hemos visto, configurado fundamentalmente por la socialización y el aprendizaje.

Actualmente sabemos cuáles son los principales problemas a los que se enfrenta el perro dentro de las sociedades humanas, y cada día somos más conscientes y sensibles de sus necesidades. La sociedad, en su mayoría, ha asumido que cada perro es un ser singular y no una cosa con la que comerciar, ni un simple objeto que explotar para cubrir nuestras necesidades, y mucho menos un juguete que se puede dejar a un lado cuando aumentan sus demandas, nos cansamos o nos aburre. También sabemos que cada perro posee una personalidad única que depende tanto de sus genes como de una adecuada socialización y crianza. Sabemos mucho, y si no miramos para otro lado inmoralmente arrastrados por la comodidad o el interés, también sabemos la dirección en que debemos movernos para que las sociedades futuras garanticen el bienestar de nuestros mejores amigos.

La sociedad del bienestar canino

Animado por los miles de palabras sobre los perros que ya llevo escritas, y por la visión que ahora mismo tengo de Ugar tumbado a mis pies, voy a lanzar un lema en el que creo que todos coincidiremos: la sociedad del futuro debe configurarse de tal modo que se garantice el bienestar de nuestros mejores amigos.

Ya, qué bonita es la idea... ¡y qué complicado resulta llevarla a buen fin! El problema, para empezar, es qué entendemos por «bienestar para los perros». Se trata de un tema controvertido y muy polarizado, pues los distintos actores (veterinarios, cazadores, legisladores, animalistas, etcétera) interpretan de forma muy diferente este concepto.

Algunos entienden que un mayor grado de bienestar se consigue separando un centímetro más los barrotes de la jaula en la que hacinan al animal. Otros, en radical contraste, consideran que su ricura perruna no dormirá a gusto si antes no se le ha leído en voz alta una bonita historia sobre animalitos humanizados. Y, aunque pudiera parecerlo, ninguno de estos ejemplos es fruto de mi imaginación. Resulta casi tan desagradable oír los aullidos lastimeros de un perro que pasa casi todo el día encerrado en una minúscula perrera, como observar a decenas de perritos de caza amontonados en la jaula metálica que remolca un coche después de una divertida jornada de caza.

En el otro extremo, la sensación de desagrado, si no al mismo nivel, porque aquí el animal al menos parece no sufrir físicamente, también roza lo esperpéntico. En un exclusivo hotel para mascotas situado en el estado norteamericano de Ohio, después de la «fiesta en la piscina» y de paladear una "delicia helada», ningún perrito se va a dormir sin un «masaje personalizado en la barriguita, mientras escucha un cuento narrado por uno de nuestros empleados nocturnos».* Que ya me gustaría a mí saber cómo acabaría la fiesta de la piscina si participara mi Ugar, y, especialmente, la cara que pondría el empleado nocturno mientras trata de sacudirse a Rulo de la pierna, a la vez que intenta leerle los *Tres cerditos*.

Está claro que entre estos dos extremos existe un continuo en el que debemos situar la realidad sobre el bienestar que deseamos que las sociedades futuras garanticen a nuestros queridos compañeros. De ningún modo podemos conformarnos con disminuir el dolor cuando se asesina o se hace sufrir al animal. Pero tampoco se trata de caer en el error de confundir bienestar animal con estupidez, fantaseando con lugares de meditación donde perros y humanos sincronicen pensamientos y unan sus espíritus a través de mantras y feromonas.

Ya, pero ¿quién puede servirnos de guía a la hora de establecer lo que se considera adecuado para garantizar el bienes-

---

* <https://www.barkleycleveland.com/services/pet-activities>.

tar del perro? Conocidos mis antecedentes, sé que no os sorprenderá, pero personalmente apuesto por la ciencia. Y lo que esta rama del saber nos dice es que los perros son seres complejos, dotados de una personalidad propia, capaces de experimentar sensaciones y emociones positivas y negativas, de sentir miedo, dolor, alegría y placer. Recientes estudios científicos llegan incluso a afirmar que estos animales son conscientes de sí mismos; quizás no en el grado de complejidad que alcanza la autoconsciencia en los seres humanos, pero sí al menos en un nivel muy cercano.

El reconocimiento del propio yo es un proceso cognitivo complejo que desde siempre ha fascinado a la ciencia, incluso cuando todavía constituía una minúscula yema que brotaba del cuerpo de la filosofía. Sabemos que los humanos tenemos la capacidad de reconocernos como individuos independientes, y ya desde muy pequeños diferenciamos casi instintivamente entre el yo y el otro.

La ciencia ha estudiado el autorreconocimiento examinando las respuestas que elaboran diferentes animales al situarse ante el espejo. Pero la capacidad de reconocerse en el reflejo es muy poco común dentro del reino animal. La mayoría de los grandes simios, los delfines, el elefante asiático, la urraca y, sorprendentemente, algunas especies de hormigas se unen al ser humano dentro del selecto grupo de animales que pueden reconocerse delante de un espejo. Los perros, por el contrario, no pueden hacerlo.

Y me refiero a que ni siquiera manifiestan un mínimo de interés por lo que se refleja en el espejo, no a que carezcan de conciencia de sí mismos y de su propia individualidad. Los perros son animales que muestran un nivel conductual y cognitivo muy complejo, similar al de los delfines y superior en muchos aspectos al de los elefantes y los córvidos. De modo que negarles la capacidad de ser conscientes de su propio yo, simplemente por su ineptitud para entenderse dentro de un reflejo, parece algo tan injusto como equivocado.

Quizás la causa no esté en el propio animal, y se deba en mayor medida a la metodología que se utiliza para evaluar la autoconciencia en el perro. Es muy probable que el escaso interés que estos animales manifiestan por las figuras creadas dentro del espejo se deba al hecho de que, en busca de algún rastro de autoconciencia, estamos analizando la modalidad sensorial equivocada.

Precisamente esta es la hipótesis que manejan algunos etólogos, quienes proponen que se evalúe la capacidad de autorreconocimiento del perro no a partir de las imágenes que percibe, sino a través de su desarrollado sentido del olfato.

En esta línea, empleando una metodología fundamentada en el olfato, se expuso a un grupo de perros a diferentes muestras de orina. Una de las muestras se había obtenido del perro que en ese momento participaba en la prueba olfativa, mientras que el resto de los indicios de orina pertenecían a los otros componentes del grupo experimental. Invariablemente el resultado fue el mismo en todas las experiencias: el perro que realizaba la prueba dedicaba mucho tiempo al olfateo de la orina de los otros individuos, como si tratara de determinar quién era su propietario, a la vez que ignoraba la propia. El mayor tiempo que cada perro dedicaba a olfatear la orina de los demás, frente al escaso interés que despertaba la propia, parece confirmar la hipótesis de que cada perro conoce perfectamente el olor de su orina y lo asocia, sin ningún resquicio de duda, con su propio yo.

Sabedores de que los perros son seres sensibles, inteligentes, dotados de personalidad y con una notable autoconciencia, no debería bastarnos con asegurar su bienestar físico, también estamos obligados a garantizar su bienestar emocional. Es una tarea ardua y complicada que podríamos empezar con un gesto tan humano como sencillo: prohibiendo, y castigando duramente, el sacrificio que hacemos de estos animales en el altar de la propia ciencia, la oblación del mejor amigo del hombre en aras de un supuesto y falaz beneficio para la comunidad humana.

En el año 2022 salió a la luz la noticia de que el Parque Científico de Barcelona (PCB), un centro de innovación e investigación dependiente de la Universidad de Barcelona, pretendía sacrificar treinta y dos cachorros de la raza beagle como parte del proceso de desarrollo de un fármaco. El medicamento en cuestión pertenece al grupo de los denominados fármacos antifibróticos, un tipo de moléculas que se postula como prometedor tratamiento para enfermedades humanas como la mielofibrosis y la fibrosis hepática. El estudio se encontraba por entonces en fase preclínica, durante la que se iba a experimentar con seis perritos de la raza beagle, pero a los que no se llegaría a sacrificar.

El PCB, en un acto de generosidad extraordinario con estos objetos de experimentación, pediría a la empresa* responsable de suministrarles los animales que, finalizada esta etapa, los entregara en adopción. Muy distinto sería el destino de los treinta y dos cachorritos que participarían en la segunda fase

---

* Esta empresa es Vivotecnia Research S.L. Desarrolla estudios de toxicología y seguridad farmacológica para múltiples industrias utilizando animales de experimentación.

de la investigación: tras experimentar con ellos, serían sacrificados para analizar sus tejidos.

Más de 1.200.000 firmas pidiendo la condonación de la pena de muerte para estos animales, manifestaciones frente al PCB y la Universidad de Barcelona, y distintos recursos y denuncias presentadas ante las autoridades competentes en materia de bienestar animal sirvieron de muy poco. Bueno, en realidad no fueron eficaces para suspender el experimento con aquellos indefensos animales, pero la presión y el malestar social que entonces se generó fue una clara manifestación del modo en que está cambiando la percepción de los derechos de los animales entre buena parte de la sociedad.

Soy optimista y creo que en un futuro muy cercano las personas que consideramos que todos los perros son seres dignos de disfrutar de un bienestar físico y mental conformemos una mayoría dentro de la sociedad. Solo bajo la presión social las leyes que han amparado actos tan viles e inmorales, aunque se disfracen bajo argumentos utilitaristas y falsos dilemas morales, girarán ciento ochenta grados para penalizar sin contemplaciones esas mismas acciones.

Existen otras problemáticas que también amenazan gravemente el bienestar que merecen nuestros compañeros, pero donde la decisión que toma un solo individuo, aquí sí, vale su peso en oro.

Dentro de una sociedad radicalmente consumista, el único poder que realmente posee el individuo es el que le otorga el propio mercado: el poder como consumidor. Cada uno de nosotros tiene la soberanía para decidir qué quiere o qué se niega a comprar. Y, por desgracia, la adquisición irreflexiva de bienes, que caracteriza a una buena parte de los consumidores, es en gran medida responsable de la aparición de un lucrativo mercado de venta de cachorros que causa un gigantesco sufrimiento a estos animales.

Según los datos aportados por un informe del Consejo Europeo, la mitad de los hogares del continente posee una mascota, sobresaliendo llamativamente el número de gatos y perros. En el Reino Unido se calcula que cada año se venden entre 800.000 y 1.300.000 cachorros; lo que genera unos ingresos de al menos 150 millones de euros.* A este nivel llega el negocio que genera el comercio con los cachorros de perro, al que criadores sin escrúpulos y las mafias internacionales no son ajenos. Como dato esclarecedor del dramático problema en que nos encontramos, basta con decir que un vendedor, dueño de un criadero ilegal situado en una pequeña localidad de Turquía, reconocía que en un solo año había vendido y enviado al extranjero la friolera de... ¡20.000 cachorros!

El comercio legal, por el hecho de estar reglamentado y controlado, garantiza el cumplimiento de las leyes que regulan el proceso de cría, el traslado, la venta y, en general, el bienestar del animal. Por el contrario, adquirir un perro a través de vías de las que desconocemos si cumplen con la legalidad repercute negativamente en el bienestar del perro a diferentes niveles. Los expertos hablan de explotación sistemática de las madres; de nula o deficiente atención veterinaria, que

---

* No se disponen de datos de cachorros adquiridos en España, pero sabiendo que, según la Real Sociedad Canina de España, en el año 2024 se inscribieron 43.640 cachorros pertenecientes a razas con pedigrí, y que estos constituyen una minoría respecto al número total de cachorros, podemos hacernos una idea del lucrativo negocio que es la cría y venta de estos animales también en nuestro país.

incide en una mayor mortandad entre las crías; de separación prematura de la madre, que, como sabemos, repercutirá en una inadecuada socialización del cachorro; de hacinamiento y transporte en malas condiciones; de abandono y eutanasia de los cachorros a los que no pueden dar salida, y de un largo etcétera de daños que comprometen el adecuado bienestar del animal. No debemos olvidar que el mismo perrito que nosotros consideramos un miembro más de la familia, para estos traficantes de vidas es una simple mercancía de la que únicamente esperan sacar un beneficio.

Es muy difícil determinar el grado de extensión que actualmente ha alcanzado este cáncer, pero si nos atenemos a los datos recopilados a través del proyecto Bio-Crime, que halló que el 53% de las mascotas que atravesaban la frontera italoaustríaca carecían de documentación, podemos inferir que la cría y venta ilegal de cachorros está, al menos, al mismo nivel que la regulada.

También es muy difícil terminar con esta actividad delictiva aplicando las leyes actuales, debido a la gran diferencia que existe entre las multas que se imponen y las ganancias que consiguen quienes se saltan la ley. Incluso aunque en algunos casos extraordinarios las multas sean cuantiosas, los beneficios suelen ser muy superiores. Un informe de la Comisión Europea sobre comercio ilegal recoge el caso de un criador de perros asentado en Grecia que recibió una multa de 600.000 euros, y aun así le salió rentable continuar con su actividad ilegal.

Pese a todas las aparentes dificultades, la cría ilegal y el menoscabo del bienestar que esta provoca en nuestros mejores amigos tiene fácil solución. En este, como en cualquier otro comercio, la oferta se adapta a la demanda. Si toda familia que desea contar con un nuevo miembro de cuatro patas con el que compartir su vida se informa previamente de las vías legales mediante las cuales puede conseguirlo, o, mejor todavía, recoge a su nuevo compañero de una protectora o centro de acogida, este problema acabaría desapareciendo.

También existen otras actitudes muy sencillas de poner en marcha, por estar completamente al alcance de nuestras manos, que contribuyen a asegurar el adecuado estado físico y mental de nuestros compañeros. La más simple de todas ellas, y sin duda la más divertida, es regalarles diariamente algo de nuestro tiempo jugando con ellos.

Ya se venía sospechando que el juego era, en parte, un pecado de juventud asociado al carácter neoténico que mantienen los perros durante toda su vida, y que probablemente había sido potenciado durante la domesticación. El juego es una actividad necesaria para el correcto desarrollo de los cachorros de muchas especies de mamíferos, pero de la que se desconocía la utilidad que podía tener en individuos adultos. Sin embargo, la ciencia ha descubierto que el juego en los perros no constituye un comportamiento vestigial totalmente inútil, sino que se trata de una actividad imprescindible para el desarrollo físico y mental de tan especial animal.

El juego permite a los perros desarrollar y mantener habilidades motoras, los prepara física y mentalmente para respuestas conductuales flexibles ante situaciones inesperadas, fortalece la cohesión del perro con su familia humana reduciendo la probabilidad de respuestas agresivas, y, sobre todo, jugar se considera una conducta gratificante para el animal.

Aunque los perros también gustan de jugar entre ellos, e incluso pueden hacerlo solos, prefieren el juego con una persona, especialmente si es conocida. Al menos a esta conclusión parecen conducirnos distintas investigaciones, que han descubierto un incremento sustancial en la cantidad de opioides endógenos que libera el cerebro del animal, a la vez que se produce una disminución drástica de los niveles de cortisol (hormona del estrés) en la sangre, cuando un perrito juega con su dueño.

Otro aspecto que deberían cuidar las sociedades futuras es el tiempo que el perro puede pasar junto a su humano. No disponemos de datos fiables sobre el tiempo que dedicamos los españoles a nuestros compañeros de cuatro patas, pero sospecho que no será superior al que invierten los ciudadanos de otros países europeos. En Suecia, por ejemplo, tres de cada cuatro dueños admitieron que dejaban solos a sus perros durante más de ocho horas seguidas, al menos durante el tiempo que duraba la jornada laboral. Me temo que en nuestro país, teniendo en cuenta las limitaciones que ponemos a la presencia de animales en el centro de trabajo, el número de perritos que pasan las horas solos en casa puede ser incluso mayor.

No es esta una cuestión banal, pues distintas investigaciones han descubierto que cuando el animal se queda solo en casa en periodos que oscilan entre las cuatro y las nueve horas y media, tiende a permanecer tumbado durante más del 95% del tiempo. Además, se observó que cuanto mayor era el tiempo que habían pasado alejados de sus dueños, mayor era el número de comportamientos de saludo (menear la cola, saltar o lamerse los labios), sacudidas e interacciones físicas que realizaba con el humano. De modo que los perros no solo son conscientes del rato que pasan solos (durante el que permanecen casi totalmente sedentarios), sino que cuando el periodo de soledad se repite o se prolonga, su bienestar físico y mental puede verse comprometido de forma nada despreciable.

Son muchos los retos a los que deben enfrentarse las sociedades del futuro si el objetivo es que nuestros perros tengan en ellas una existencia que cubra adecuadamente sus muchas necesidades físicas, psicológicas y emocionales. Pero no debemos olvidar que en una sociedad también hay personas a las que no les gustan los perros.

Estos animales son responsables de multitud de agresiones y muertes en humanos cada año. Según datos de la Organización Mundial de la Salud, más de 4,5 millones de personas reportan haber sido agredidas por un perro en los Estados Unidos de América. Y, a nivel mundial, se estima que cada año mueren unas 59.000 personas infectadas de la rabia, en la mayoría de las ocasiones transmitida por la mordedura de un perro.

Obviamente se trata de una problemática muy grave que está vinculada a los perros, como los accidentes de coche a los automóviles, pero de la cual nosotros somos los únicos responsables. En esa utopía perruna que, a lo Tomás Moro, me estoy imaginando, los dueños se responsabilizarían de socializar y educar a su compañero como se supone que hacen con sus hijos, y no se limitarían a «tener» (en el más estricto sentido de poseer) un animal. Seguir rigurosamente el protocolo y cronograma de vacunación; cumplir de forma periódica los programas de desparasitación interna y la protección contra las picaduras de garrapatas, moscas y mosquitos que nos pauta el veterinario, o tener registrado adecuadamente con el microchip a nuestro animal, también contribuirán al bienestar del perro y de toda la sociedad.

Imaginad cómo sería una sociedad como la que he tratado de dibujar, donde los perros no fueran maltratados ni abandonados, en la que no se los considerase objetos con los que experimentar, ni medios desechables a través de los que enriquecerse; ciudades donde pudieran disfrutar corriendo por los parques con sus dueños sin importunar a ningún paseante, oficinas llenas de perritos que nos acompañasen durante la jornada laboral...

Esta improbable sociedad es la que me estaba imaginando mientras paseaba con Ugar y Rulo, hasta que, de repente, ¡chof!, sentí cómo mi zapatilla derecha se sumergía hasta el tobillo en un excremento, sospecho que del mastín más grande del vecindario.

Me entristece pensar en aquellos individuos que ni tan siquiera son capaces de realizar el mínimo esfuerzo que requiere agacharse a recoger la caquita que su mascota ha dejado en la acera. Me entristece porque el esfuerzo que exige cambiar toda una sociedad en aras de mejorar el bienestar y la calidad de vida de nuestros compañeros se les va a hacer una tarea titánica, a la que, sospecho, terminarán renunciando en favor de la comodidad.

Por suerte, la solución a este asqueroso problema de convivencia causado por unos pocos individuos incívicos nos lo va a dar la ciencia... y, por supuesto, unas multas de las que duelen al bolsillo.

Ya no hablo de un futuro cercano; hoy mismo, varios ayuntamientos en la Comunidad de Madrid, Cataluña y, de manera sobresaliente, la Comunidad Valenciana disponen de un registro genético que identifica a los perros del vecindario. Así, cuando aparece una caquita huérfana en medio de la calle, se recoge para analizar ciertos patrones del ADN que quedan en las células presentes en el excremento, y que señalan con precisión científica, primero, al perro y, luego, a su dueño. El protocolo de este procedimiento es muy similar al que se viene empleando en los análisis forenses o de paternidad, solo que en este caso sirve para poner nombre, y una buena sanción económica, al desconsiderado ciudadano que deja los excrementos de su perrito en mitad de la calle para el disfrute de los demás.

Después de limpiar la zapatilla concienzudamente con una esponja húmeda mientras aguantaba las arcadas que me subían desde las profundidades del alma, he abierto el correo electrónico en el móvil, y el intangible futuro que me negaba a aceptar se ha coagulado de golpe ante mis narices. Un puñetazo de realidad en pleno presente, simultáneamente amargo como un pomelo que acartona la garganta y tan dulce como el deber cumplido, que me comunica que en una semana Ugar abandonará mi casa para no volver.

Me he acordado de Kipling y de sus enseñanzas sobre el gigantesco poder que ejerce el perro sobre los seres humanos. Infelices que no solo entregamos voluntariamente nuestro corazón a un animal sabiendo que terminará por destrozárnoslo, sino que, por añadidura, estamos dispuestos a luchar con uñas y leyes por crear una sociedad que garantice su bienestar.

Epílogo

CASI UN AÑO DESPUÉS DE QUE ESTA HISTORIA comenzara, me encontraba de nuevo con el motor en marcha junto a la verja que daba acceso a las instalaciones de la Fundación ONCE del Perro Guía. Y, como en aquella ocasión en que vine por primera vez a conocer a Ugar, llegaba con bastante retraso. Solo que ahora no podía culpar al infernal tráfico de la capital, ni tampoco a mi innata incapacidad para entenderme con el GPS (después de tantas visitas, me sabía el camino de memoria). La responsable de mi impuntualidad había sido una inesperada y desagradable opresión que, como si de una bola enorme de miga de pan se tratara, me atoraba la garganta cada vez que veía a Ugar a través del espejo retrovisor.

Siempre había creído que cualquier situación inevitable y dolorosa debemos pasarla lo más rápidamente que podamos, casi sin pensar, como quien se quita una tirita de golpe. ¡Qué ingenuo! Todo el camino cantando para no pensar que tenía que despedirme definitivamente de mi perrito, y, de repente, nada más entrar en el túnel de Guadarrama, va el Robe y me sale por los altavoces con que «... se acabó de pronto la luz.

Adiós, cielo azul. Llegó la tormenta». Y vaya si llegó la tormenta... Con los ojos rojos como dos fresones maduros, paré el coche en un área de descanso, puse la correa a Ugar y nos dimos un largo paseo, el último que haríamos juntos, a través de un pequeño encinar por donde discurría la A6.

Reconozco que por un momento pensé en darme la vuelta, y no contestar el móvil cuando mostrara el número de «Adiestradora Ugar». Mientras Ugar corría como un loco entre tristes zarzas resecas por el frío y carrascas cubiertas de nieve helada, buscándome con la mirada cada dos por tres, me acordé de Garm, de Cuatropatas, de Dinah, de Botas e incluso de Maldito Cachorro, y me dije que ojalá fuera un gran escritor como Kipling para cambiar el final de esta historia.

Sin embargo, desde el principio conocía el epílogo que debía cerrarla, y sabía, aunque en aquel momento la tristeza que inevitablemente acompaña a toda despedida me ofuscaba la razón, que su desenlace tendría un final feliz. Porque jamás, ni un solo momento de los que Ugar pasó con mi (su) familia, dudé de lo dichosa que haría a la persona invidente a quien acompañara; y, menos aún, de que mi perrito sería profundamente feliz en su nueva vida lejos de mí..., en la vida para la que había nacido.

El vigilante subió la barrera y me saludó alegremente por mi nombre, sin olvidar registrarlo en la minúscula y amarillenta libreta, que parecía regenerar sus hojas como un árbol cada primavera. Recorrí aquellos pasillos que en un tiempo me parecieron idénticos, y que ahora se mostraban claramente reconocibles. En el camino al despacho de Blanca, nos cruzamos con un precioso cachorro de labraniche, y su cuerpo, lanudo y blanco, me hizo recordar a Rulo, que me estaría esperando en casa, sin saber que no iba a volver a jugar con Ugar.

Pensé que el pequeño bichón tendría que arreglárselas para cubrir él solo, con su minúsculo cuerpecito, el gigantesco hueco que dejaba Ugar en la familia.

Cuando Ugar vio a Blanca, y corrió emocionado hacia ella, mi corazón comprendió que lo habíamos hecho bien. Me acerqué lentamente donde ellos estaban y acaricié a Ugar mientras le decía bajito, solo para él, que había sido un perro muy bueno, el mejor perro del mundo... Y entonces, como si hubiera recibido un calambrazo, me di la vuelta, y sin mirar ni una sola vez hacia atrás, abandoné aquellos pasillos y me subí al coche, aguantando las ganas de llorar mientras me preguntaba: «¿Por qué dejamos, pues, (somos legión), que un perro nos destroce el corazón?».

Referencias bibliográficas

Capítulo 1

Andreoli, G., *Nosotros los perros. Comportamientos. Actitudes. Psicología*, Madrid, Anaya (Grandes Obras), 1991.

Axelsson, E.; Ratnakumar, A.; Arendt, M. L.; Maqbool, K.; Webster, M. T.; Perloski, M., *et al.*, «The genomic signature of dog domestication reveals adaptation to a starch-rich diet», *Nature*, 2013, 495 (7441), pp. 360-364.

Fatjo, J., y Manteca, X., «El perro: educación y cuidados», Consulta de Difusión veterinaria, 2005.

Hare, B.; Brown, M.; Williamson, C., y Tomasello, M., «The domestication of social cognition in dogs», *Science*, 2002, 298 (5598), pp. 1634-1636.

Herbeck, Y. E.; Eliava, M.; Grinevich, V., y MacLean, E. L., «Fear, love, and the origins of canid domestication: An oxytocin hypothesis», *Comprehensive psychoneuroendocrinology*, 2022, 9, 100100.

Jara, D. G., *Los secretos de Flora*, Barcelona, Ariel, 2024.

Larson, G.; Karlsson, E. K.; Perri, A.; Webster, M. T.; Ho, S. Y.; Peters, J., *et al.*, «Rethinking dog domestication by integrating genetics, archeology, and biogeography», *Proceedings of the National Academy of Sciences*, 2012, 109 (23), pp. 8878-8883.

MacLean, E. L.; Snyder-Mackler, N.; VonHoldt, B. M., y Serpell, J. A., «Highly heritable and functionally relevant breed differences in dog behavior», *Proceedings of the Royal Society B*, 2019, 286 (1912), 20190716.

Meisler, M. H., y Ting, C. N., «The remarkable evolutionary history of the human amylase genes», *Critical Reviews in Oral Biology & Medicine*, 1993, 4 (3), pp. 503-509.

Ollivier, M.; Tresset, A.; Bastian, F.; Lagoutte, L.; Axelsson, E.; Arendt, M. L., *et al.*, «Amy2B copy number variation reveals starch diet adaptations in ancient European dogs», *Royal Society Open Science*, 2016, 3 (11), 160449.

Petersson, M.; Uvnas-Moberg, K.; Nilsson, A.; Gustafson, L. L.; Hydbring-Sandberg, E., y Handlin, L., «Oxytocin and cortisol levels in dog owners and their dogs are associated with behavioral patterns: An exploratory study», *Frontiers in Psychology*, 2017, 8, 1796.

Ruan, C., y Zhang, Z., «Laboratory domestication changed the expression patterns of oxytocin and vasopressin in brains of rats and mice», *Anatomical Science International*, 2016, 91 (4), pp. 358-370.

Thalmann, O.; Shapiro, B.; Cui, P.; Schuenemann, V. J.; Sawyer, S. K.; Greenfield, D. L., *et al.*, «Complete mitochondrial genomes of ancient canids suggest a European origin of domestic dogs», *Science*, 2013, 342 (6160), pp. 871-874.

Vila, C., y Leonard, J. A., «Canid phylogeny and origin of the domestic dog», en Ostrander E. A., y Ruvinsky, A., eds., *The Genetics of the Dog*, Wallingford UK, CABI Books, 2012, pp. 1-11.

VonHoldt, B. M.; Ji, S. S.; Aardema, M. L.; Stahler, D. R.; Udell, M. A., y Sinsheimer, J. S., «Activity of genes with functions in human Williams-Beuren syndrome is impacted by mobile element insertions in the gray wolf genome», *Genome Biology and Evolution*, 2018, 10 (6), pp. 1546-1553.

Capítulo 2

Blanco, A.; Gotz, C. M.; Mestre, G.; Rodriguez, B., y Valadez, R., «El xoloitzcuintle prehispánico y el estándar actual de la raza», *AMMVEPE, Revista de la Asociación Mexicana de Médicos Veterinarios Especialistas en Pequeñas Especies*, 2008, 19 (5), pp. 131-138.

Bonnett, B. N., «Brachycephalics: "Once a problem is seen it cannot be unseen"», *Canine Medicine and Genetics*, 2023, 10; disponible en: <https://doi.org/10.1186/s40575-023-00126-z>.

Boudreaux, M. K., y Catalfamo, J. L., «Molecular and genetic basis for thrombasthenic thrombopathia in Otterhounds», *American Journal of Veterinary Research*, 2001, 62; disponible en: <https://doi.org/10.2460/ajvr.2001.62.1797>.

Docampo, M. J.; Zanna, G.; Fondevila, D.; Cabrera, J.; Lopez-Iglesias, C.; Carvalho, A., *et al.*, «Increased HAS2-driven hyaluronic acid synthesis in shar-pei dogs with hereditary cutaneous hyaluronosis (mucinosis)», *Veterinary Dermatology*, 2011, 22; disponible en: <https://doi.org/10.1111/j.1365-3164.2011.00986.x>.

Dodds, W. J., «One Health: Animal Models of Heritable Human Bleeding Diseases», *Animals*, 2022, 13; disponible en: <https://doi.org/10.3390/ani13010087>.

Gronskov, K.; Ek, J., y Brondum-Nielsen, K., «Oculocutaneous albinism», *Orphanet Journal of Rare Diseases*, 2007, 2; disponible en: <https://doi.org/10.1186/1750-1172-2-43>.

Hyun, C., y Filippich, L. J., «Inherited copper toxicosis with emphasis on copper toxicosis in Bedlington terriers», *Journal of Experimental Animal Science*, 2004, 43; disponible en: <https://doi.org/10.1016/j.jeas.2004.01.003>.

Kawaguchi, Y., y Waller, B. M., «Lorenz's classic "baby schema": A useful biological concept?», *Proceedings of the Royal Society B Biological Sciences*, 2024, 291; disponible en: <https://doi.org/10.1098/rspb.2024.0570>.

Martelli, G.; Ostanello, F.; Capitelli, M., y Pietra, M., «Owner Awareness, Motivation and Ethical Considerations in the Choice of Brachycephalic Breeds: Evidence from an Italian Veterinary Teaching Hospital Survey», *Animals*, 2025, 15; disponible en: <https://doi.org/10.3390/ani15152288>.

Lambert, C., «Getting to Know Cavaliers: A Guide to Choosing and Owning a Cavalier King Charles Spaniel», *Animalinfo Publications*, 2008.

Lee, M. P., *Bedlington Terrier*, CompanionHouse Books, 2012.

Letko, A.; Minor, K. M.; Jagannathan, V.; Seefried, F. R.; Mickelson, J. R.; Oliehoek, P., *et al.*, «Genomic diversity and population structure of the Leonberger dog breed», *Genetics Selection Evolution*, 2020, 52; disponible en: <https://doi.org/10.1186/s12711-020-00581-3>.

Lewis, T.; Rusbridge, C.; Knowler, S. P.; Blott, S., y Woolliams, J., «Heritability of syringomyelia in Cavalier King Charles spaniels», *The Veterinary Journal*, 2009, 183; disponible en: <https://doi.org/10.1016/j.tvjl.2009.10.022>.

Menor-Campos, D. J., «Ethical concerns about fashionable dog breeding», *MDPI*, 2024; disponible en: <https://europepmc.org/article/pmc/pmc10930939>.

Ogasawara, K., «The akita dog and its origin», University Research Bulletin, 2010, pp. 101-116.

Raffan, E.; Dennis, R. J.; O'Donovan, C. J.; Becker, J.; Scott, R. A.; Smith, S., *et al.*, «A Deletion in the Canine POMC Gene Is Associated with Weight and Appetite in Obesity-Prone Labrador Retriever Dogs», *Cell Metabolism*, 2016, 23; disponible en: <https://doi.org/10.1016/j.cmet.2016.04.012>.

Smith, J. F., y Henderson, J. O., «Tay-Sachs Disease: From Molecular Characterization to Ethical Quandaries and the Possibility of Genetic Medicine», *Journal of Neurological Research And Therapy*, 2007, 4; disponible en: <https://doi.org/10.14302/issn.2470-5020.jnrt-22-4217>.

Stigen, Ø., y Kolbjornsen, Ø., «Calcification of intervertebral discs in the dachshund: A radiographic and histopathologic study of 20 dogs», *Acta Veterinaria Scandinavica*, 2007, 49; disponible en: <https://doi.org/10.1186/1751-0147-49-39>.

Vasiliadis, D.; Metzger, J., y Distl, O., «Demographic assessment of the Dalmatian dog – effective population size, linkage disequilibrium and inbreeding coefficients», *Canine Medicine and Genetics*, 2020, 7; disponible en: <https://doi.org/10.1186/s40575-020-00082-y>.

Yang, H.; Wang, G.; Wang, M.; Ma, Y.; Yin, T.; Fan, R., *et al.*, «The origin of chow chows in the light of the East Asian breeds», *BMC Genomics*, 2017, 18; disponible en: <https://doi.org/10.1186/s12864-017-3525-9>.

Capítulo 3

Adamkova, J.; Benediktova, K.; Svoboda, J.; Bartoš, L.; Vynikalova, L.; Novakova, *et al.*, «Turning preference in dogs: North attracts while south repels» *PLoS ONE*, 2021, 16; disponible en: <https://doi.org/10.1371/journal. pone.0245940>.

Barber, A. L. A.; Wilkinson, A. L.; Montealegre Z. F.; Ratcliffe, V. F.; Guo, K., y Mills, D. S., «A comparison of hearing and auditory functioning between dogs and humans», *Comparative Cognition & Behavior Reviews*, 2020, 15; disponible en: <https://doi.org/10.3819/ccbr.2020. 150007>.

Benediktova, K.; Adamkova, J.; Svoboda, J.; Painter, M. S.; Bartoš, L.; Novakova, P., *et al.*, «Magnetic alignment enhances homing efficiency of hunting dogs», *eLife*, 2020, 9; disponible en: <https://doi.org/10.7554/elife. 55080>.

Byosiere, S.; Chouinard, P. A.; Howell, T. J., y Bennett, P. C., «What do dogs (*Canis familiaris*) see? A review of vision in dogs and implications for cognition research», *Psychonomic Bulletin & Review*, 2017, 25; disponible en: <https://doi.org/10.3758/s13423-017-1404-7>.

Gibbs, M. J.; Winnig, M.; Riva, I.; Dunlop, N.; Waller, D.; Klebansky, B., *et al.*, «Bitter taste sensitivity in domestic dogs (*Canis familiaris*) and its relevance to bitter deterrents of ingestion», *PLoS ONE*, 2022, 17; disponible en: <https://doi.org/10.1371/journal.pone.0277607>.

Goldberg, M. B.; Langman, V. A., y Taylor, C. R., «Panting in dogs: paths of air flow in response to heat and exercise», *Respiration Physiology*, 1981, 43, pp. 327-338 (© Elsevier/North-Holland Biomedical Press, *Respiration Physiology* 2002).

Hart, V.; Novakova, P.; Malkemper, E. P.; Begall, S.; Hanzal, V.; Ježek, M., *et al.*, «Dogs are sensitive to small variations of the Earth's magnetic field», *Frontiers in Zoology*, 2013, 10; disponible en: <https://doi. org/10.1186/1742-9994-10-80>.

Hirskyj-Douglas, I.; Read, J. C., y Cassidy, B., «A dog centred approach to the analysis of dogs' interactions with media on TV screens», *International Journal of Human-Computer Studies*, 2016, 98; disponible en: <https:// doi.org/10.1016/j.ijhcs.2016.05.007>.

Kanizsar, O.; Mongillo, P.; Battaglini, L.; Campana, G., y Marinelli, L., «Dogs are not better than humans at detecting coherent motion», *Scientific*

Reports, 2017, 7; disponible en: <https://doi.org/10.1038/s41598-017-11864-z>.

Kokocińska, A.; Woszczyło, M.; Zybała, M.; Maciocha, J.; Barłowska, K., y Dzięcioł, M., «Canine Olfaction: Physiology, Behavior, and Possibilities for Practical Applications», *Animals*, 2021, 11; disponible en: <https://doi.org/10.3390/ani11082463>.

Li, P. y Wu, G., «Characteristics of nutrition and metabolism of dogs and cats», en Wu, G., ed., *Nutrition and metabolism of dogs and cats*, Springer, 2024, pp. 15-38.

Martini, S.; Begall, S.; Findeklee, T.; Schmitt, M.; Malkemper, E. P., y Burda, H., «Dogs can be trained to find a bar magnet», *PeerJ*, 2018, 6; disponible en: <https://doi.org/10.7717/peerj.6117>.

Miller, P. E., y Murphy, C. J., «Vision in dogs», *Journal of the American Veterinary Medical Association*, 1995, 207 (12), pp. 1623-1634.

Ofri, R., «Do dogs really see in black and white? Facts and myths about animal vision», *Small Animals. Ophthalmology*, 2020, pp. 561-563.

Pageat, P., y Gaultier, E., «Current research in canine and feline pheromones», *Veterinary Clinics of North America: Small Animal Practice*, 2005, 33; disponible en: <https://doi.org/10.1016/s0195-5616(02)00128-6>.

Pierotti, P., «Clinical applications of pheromones in dogs», *Dog Behavior*, 2016, 2; disponible en: <https://doi.org/10.4454/db.v2i2.32>.

Polgar, Z.; Kinnunen, M.; Ujvary, D.; Miklosi, A., y Gacsi, M., «A Test of Canine Olfactory Capacity: Comparing Various Dog Breeds and Wolves in a Natural Detection Task», *PLoS ONE*, 2016, 11; disponible en: <https://doi.org/10.1371/journal.pone.0154087>.

Pongracz, P.; Ujvari, V.; Farago, T.; Miklosi, A., y Peter, A., «Do you see what I see? The difference between dog and human visual perception may affect the outcome of experiments», Behavioural Processes, 2017, 140; disponible en: <https://doi.org/10.1016/j.beproc.2017.04.002>.

Sanguansermsri, P.; Jenkinson, H. F.; Thanasak, J.; Chairatvit, K.; Roytrakul, S.; Kittisenachai, S., *et al.*, «Comparative proteomic study of dog and human saliva», *PLoS ONE*, 2018, 13; disponible en: https://doi.org/10.1371/journal.pone.0208317>.

Siniscalchi, M.; d'Ingeo, S.; Fornelli, S., y Quaranta, A.,«Are dogs red-green colour blind?», *Royal Society Open Science*, 2017, 4; disponible en: <https://doi.org/10.1098/rsos.170869>.

Taylor, S.; Webb, L.; Montrose, V. T., y Williams, J., «The behavioral and physiological effects of dog appeasing pheromone on canine behavior during separation from the owner», *Journal of Veterinary Behavior*, 2020, 40; disponible en: <https://doi.org/10.1016/j.jveb.2020.08.001>.

Capítulo 4

Adamkova, J.; Benediktova, K.; Svoboda, J.; Bartoš, L.; Vynikalova, L.; No-vakova, P., *et al.*, «Turning preference in dogs: North attracts while south repels», *PLoS ONE*, 2021, 16; disponible en: <https://doi.org/10.1371/journal.pone.0245940>.

Barber, A. L. A.; Wilkinson, A. L.; Montealegre Z. F.; Ratcliffe, V. F.; Guo, K., y Mills, D. S., «A comparison of hearing and auditory functioning between dogs and humans», *Comparative Cognition & Behavior Reviews*, 2020, 15; disponible en: https://doi.org/10.3819/ccbr.2020.150007.

Benediktova, K.; Adamkova, J.; Svoboda, J.; Painter, M. S.; Bartoš, L.; Novakova, P., *et al.*, «Magnetic alignment enhances homing efficiency of hunting dogs», *eLife*, 2020, 9; disponible en: <https://doi.org/10.7554/elife.55080>.

Carr, L.; Iacoboni, M.; Dubeau, M. C.; Mazziotta, J. C., y Lenzi, G. L., «Neural mechanisms of empathy in humans: A relay from neural systems for imitation to limbic areas», *Proceedings of the National Academy of Sciences*, 2003, 100; disponible en: <https://doi.org/10.1073/pnas.0935845100>.

D'Aniello, B.; Semin, G. R.; Alterisio, A.; Aria, M., y Scandurra, A., «Interspecies transmission of emotional information via chemosignals: From humans to dogs (*Canis lupus familiaris*)», *Animal Cognition*, 2017, 21; disponible en: <https://doi.org/10.1007/s10071-017-1139-x>.

Hare, B., y Tomasello, M., «Human-like social skills in dogs? *Trends in Cognitive Sciences*, 2005, 9; disponible en: <https://doi.org/10.1016/j.tics.2005.07.003>.

Hart, V.; Novakova, P.; Malkemper, E. P.; Begall, S.; Hanzal, V.; Ježek, M., *et al.*, «Dogs are sensitive to small variations of the Earth's magnetic field», *Frontiers in Zoology*, 2013, 10; disponible en: <https://doi.org/10.1186/1742-9994-10-80>.

Hasegawa, M.; Ohtani, N., y Ohta, M., «Dogs' Body Language Relevant to Learning Achievement», *Animals*, 2014, 4; disponible en: <https://doi.org/10.3390/ani4010045>.

Horowitz, A., y Hecht, J. J., «Examining dog-human play: The characteristics, affect, and vocalizations of a unique interspecific interaction», *Animal Cognition*, 2016, 19; disponible en: <https://doi.org/10.1007/s10071-016-0976-3>.

Kaminski, J.; Tempelmann, S.; Call, J., y Tomasello, M., «Domestic dogs comprehend human communication with iconic signs», *Developmental Science*, 2009, 12; disponible en: <https://doi.org/10.1111/j.1467-7687.2009.00815.x>.

Kaminski, J.; Waller, B. M.; Diogo, R.; Hartstone-Rose, A., y Burrows, A. M., «Evolution of facial muscle anatomy in dogs», *Proceedings of the National Academy of Sciences*, 2019, 116; disponible en: <https://doi.org/10.1073/pnas.1820653116>.

Lakatos, G.; Gacsi, M.; Topal, J., y Miklosi, A., «Comprehension and utilisation of pointing gestures and gazing in dog-human communication in relatively complex situations», *Animal Cognition*, 2011, 15; disponible en: <https://doi.org/10.1007/s10071-011-0446-x>.

Martini, S.; Begall, S.; Findeklee, T.; Schmitt, M.; Malkemper, E. P., y Burda, H., «Dogs can be trained to find a bar magnet», *PeerJ*, 2018, 6; disponible en: <https://doi.org/10.7717/peerj.6117>.

Ohkita, M.; Nagasawa, M.; Mogi, K., y Kikusui, T., «Owners' direct gazes increase dogs' attention-getting behaviors», *Behavioural Processes*, 2016, 125; disponible en: <https://doi.org/10.1016/j.beproc.2016.02.013>.

Pageat, P., y Gaultier, E., «Current research in canine and feline pheromones», *Veterinary Clinics of North America: Small Animal Practice*, 2005, 33; disponible en: <https://doi.org/10.1016/s0195-5616(02)00128-6>.

Pierotti, P., «Clinical applications of pheromones in dogs», *Dog Behavior*, 2016, 2; disponible en: <https://doi.org/10.4454/db.v2i2.32>.

Policht, R.; Matějka, O.; Benediktová, K.; Adámková, J., y Hart, V., «Hunting dogs bark differently when they encounter different animal species», *Scientific Reports*, 2021, 11; disponible en: <https://doi.org/10.1038/s41598-021-97002-2>.

Pongrácz, P.; Molnár, C., y Miklósi, A., «Acoustic parameters of dog barks carry emotional information for humans», *Applied Animal Behaviour Science*, 2006, 100; disponible en: <https://doi.org/10.1016/j.applanim.2005.12.004>.

Sanguansermsri, P.; Jenkinson, H. F.; Thanasak, J.; Chairatvit, K.; Roytrakul, S.; Kittisenachai, S., *et al.*, «Comparative proteomic study of dog and human saliva», *PLoS ONE*, 2018, 13; disponible en: <https://doi.org/10.1371/journal.pone.0208317>.

Schoon, G. A., y De Bruin, J. C., «The ability of dogs to recognize and cross-match human odours», Forensic Science International, 1994, 69 (2), pp. 111-118.

Siniscalchi, M.; d'Ingeo, S.; Minunno, M., y Quaranta, A., «Communication in Dogs», *Animals*, 2018, 8; disponible en: <https://doi.org/10.3390/ani8080131>.

Taylor, S.; Webb, L.; Montrose, V. T., y Williams, J., «The behavioral and physiological effects of dog appeasing pheromone on canine behavior during separation from the owner», *Journal of Veterinary Behavior*, 2020, 40; disponible en: <https://doi.org/10.1016/j.jveb.2020.08.001>.

Vormbrock, J. K., y Grossberg, J. M., «Cardiovascular effects of human-pet dog interactions», *Journal of Behavioral Medicine*, 1988, 11 (5), pp. 509-517.

Wu, G., ed., *Nutrition and Metabolism of Dogs and Cats*, Springer, 2024.

Capítulo 5

Amundsen, T.; Sundstrom, S.; Buvik, T.; Gederaas, O. A., y Haaverstad, R., «Can dogs smell lung cancer? First study using exhaled breath and urine screening in unselected patients with suspected lung cancer», *Acta Oncologica*, 2013, 53; disponible en: <https://doi.org/10.3109/028418 6x.2013.819996>.

Berry, A.; Borgi, M.; Francia, N.; Alleva, E., y Cirulli, F., «Use of Assistance and Therapy Dogs for Children with Autism Spectrum Disorders: A Critical Review of the Current Evidence», *The Journal of Alternative and Complementary Medicine*, 2012, 19; disponible en: <https://doi.org/10.1089/acm.2011.0835>.

Bigi, D.; Marelli, S. P.; Liotta, L.; Frattini, S.; Talenti, A.; Pagnacco, G., et al., «Investigating the population structure and genetic differentiation of livestock guard dog breeds», *Animal*, 2018, 12; disponible en: <https://doi.org/10.1017/s1751731117003573>.

Burrows, K.; Adams, C. L., y Millman, S. T., «Factors Affecting Behavior and Welfare of Service Dogs for Children With Autism Spectrum Disorder», *Journal of Applied Animal Welfare Science*, 2008, 11; disponible en: <https://doi.org/10.1080/10888700701555550>.

Cvetković, V. M., «Evaluation of the Effectiveness of Search and Rescue Dogs in Finding Survivors During Disasters: The Case of Serbia, Croatia, And Slovenia», 2025; disponible en: <https://vladimircvetkovic.upravljanje-rizicima.edu.rs/evaluation-of-the-effectiveness-of-search-and-rescue-dogs-in-findingsurvivors-during-disasters-the-case-of-serbia-croatia-and-slovenia/>.

Efe & 20minutos, «Muere Proteo, uno de los perros rescatistas en el terremoto de Turquía», 2023; disponible en: <https://www.20minutos.es/noticia/5100574/0/muere-proteo-perros-rescatistas-terremoto-turquia/?utm_source=chatgpt.com>.

Farnum, F. M. J., «Animal-Assisted Therapy for Children With Pervasive Developmental Disorders», *Western Journal of Nursing Research*, 2002, 24; disponible en: <https://doi.org/10.1177/019394502236639>.

Federation Cynologique Internationale (AISBL), «San Bernardo», 2018.

Fishman, G. A., «When your eyes have a wet nose: The evolution of the use of guide dogs and establishing the seeing eye», *Survey of Ophthalmology*, 2003, 48; disponible en: <https://doi.org/10.1016/s0039-6257(03)00052-3>.

Gadbois, S., y Reeve, C., «Canine Olfaction: Scent, Sign, and Situation», en Horowitz, A., ed., *Domestic Dog Cognition and Behavior*, Springer, 2014, pp. 3-29.

Gazit, I., y Terkel, J., «Domination of olfaction over vision in explosives detection by dogs», *Applied Animal Behaviour Science*, 2003, 82; disponible en: <https://doi.org/10.1016/s0168-1591(03)00051-0>.

Gee, N. R.; Rodriguez, K. E.; Fine, A. H., y Trammell, J. P., «Dogs Supporting

Human Health and Well-Being: A Biopsychosocial Approach», *Frontiers in Veterinary Science*, 2021, 8; disponible en: <https://doi.org/10.3389/fvets.2021.630465>.

Gordon, R. T.; Schatz, C. B.; Myers, L. J.; Kosty, M. P.; Gonczy, C.; Kroener, *et al.*, «The Use of Canines in the Detection of Human Cancers», *The Journal of Alternative and Complementary Medicine*, 2008, 14; disponible en: <https://doi.org/10.1089/acm.2006.6408>.

Guagnin, M.; Perri, A., y Petraglia, M. D., «Pre-Neolithic evidence for dog-assisted hunting strategies in Arabia», *Journal of Anthropological Archaeology*, 2017, 49; disponible en: <https://doi.org/10.1016/j.jaa.2017.10.003>.

Hall, N. J.; Johnston, A. M.; Bray, E. E.; Otto, C. M.; MacLean, E. L., y Udell, M. A. R., «Working Dog Training for the Twenty-First Century», *Frontiers in Veterinary Science*, 2021, 8; disponible en: <https://doi.org/10.3389/fvets.2021.646022>.

Hardin, D. S.; Anderson, W. H., y Cattet, J., «Dogs Can Be Successfully Trained to Alert to Hypoglycemia Samples from Patients with Type 1 Diabetes», *Diabetes Therapy*, 2015, 6; disponible en: <https://doi.org/10.1007/s13300-015-0135-x>.

Hare, E.; Kelsey, K. M.; Serpell, J. A., y Otto, C. M., «Behavior Differences Between Search-and-Rescue and Pet Dogs», *Frontiers in Veterinary Science*, 2018, 5; disponible en: <https://doi.org/10.3389/fvets.2018.00118>.

Hart, L. A.; Zasloff, R. L., y Benfatto, A. M., «The socializing role of hearing dogs», *Applied Animal Behaviour Science*, 1996, 47 (1-2), pp. 7-15.

Jones, K. E.; Dashfield, K.; Downend, A. B., y Otto, C. M., «Search and rescue dogs: an overview for veterinarians», *Journal of the American Veterinary Medical Association*, 2004, 225 (6), pp. 854-860.

Kokocińska, A.; Woszczyło, M.; Zybała, M.; Maciocha, J.; Barłowska, K., y Dzięcioł, M., «Canine Olfaction: Physiology, Behavior, and Possibilities for Practical Applications», *Animals*, 2021, 11; disponible en: <https://doi.org/10.3390/ani11082463>.

Lord, K. A.; Schneider, R. A., y Coppinger, R., «Evolution of working dogs», en Serpell, J., ed., *The Domestic Dog*, Cambridge University Press eBooks, 2016, pp. 42-66.

McCulloch, M.; Turner, K., y Broffman, M., «Lung cancer detection by canine scent: Will there be a lab in the lab?» *European Respiratory Journal*, 2012, 39; disponible en: <https://doi.org/10.1183/09031936.00215511>.

Mendel, J.; Frank, K.; Edlin, L.; Hall, K.; Webb, D.; Mills, J., *et al.*, «Preliminary accuracy of COVID-19 odor detection by canines and HSSPME-GC-MS using exhaled breath samples», *Forensic Science International: Synergy*, 2021, 3, 100155.

Montes, A. G.; Lopez-Rodo, L. M.; Rodriguez, I. R.; Dequigiovanni, G. S.; Segarra, N.; Sicart, R. M. M., *et al.*, «Lung cancer diagnosis by trained dogs», *European Journal of Cardio-Thoracic Surgery*, 2017, 52; disponible en: <https://doi.org/10.1093/ejcts/ezx152>.

O'Haire, M. E., «Animal-Assisted Intervention for Autism Spectrum Disorder: A Systematic Literature Review», *Journal of Autism and Developmental Disorders*, 2012, 43; disponible en: <https://doi.org/10.1007/s10803-012-1707-5>.

Petry, N. M.; Wagner, J.; Rash, C. J., y Hood, K. K., «Perceptions about professionally and non-professionally trained hypoglycemia detection dogs», *Diabetes Research and Clinical Practice*, 2015, 109; disponible en: <https://doi.org/10.1016/j.diabres.2015.05.023>.

Ralli, M.; Martellucci, S.; Musacchio, A.; Greco, A.; Gallo, A.; Belvisi, V., *et al.*, «Assistance Dogs for Persons with Hearing Impairment: A Review», *The International Tinnitus Journal*, 2019, 23; disponible en: <https://doi.org/10.5935/0946-5448.20190005>.

Sams, M. J., Fortney, E. V., y Willenbring, S., «Occupational Therapy Incorporating Animals for Children With Autism: A Pilot Investigation», *American Journal of Occupational Therapy*, 2006, 60; disponible en: <https://doi.org/10.5014/ajot.60.3.268>.

Smith, H. P., «A rescue dog program in two maximum-security prisons: A qualitative study», *Journal of Offender Rehabilitation*, 2019, 58; disponible en: <https://doi.org/10.1080/10509674.2019.1596189>.

Solomon, O., «What a dog can do?», *Journal of the Society for Psychological Anthropology*, 2010, 38; disponible en: <https://doi.org/10.1111/j.1548-1352.2009.01085.x>.

Sprinkle, J. E., «Animals, Empathy, and Violence», *Youth Violence and Juvenile Justice*, 2007, 6; disponible en: <https://doi.org/10.1177/1541204007305525>.

Stone, L., «Sniffing out prostate cancer», *Nature Reviews Urology*, 2014, 11; disponible en: <https://doi.org/10.1038/nrurol.2014.289>.

Subhash, V., y Prem, H. T., eds., *Management of Animals in Disasters*, Springer, 2022.

Viau, R.; Arsenault-Lapierre, G.; Fecteau, S.-M.; Champagne, N.; Walker, C., y Lupien, S., «Effect of service dogs on salivary cortisol secretion in autistic children», *Psychoneuroendocrinology*, 2010, 35; disponible en: <https://doi.org/10.1016/j.psyneuen.2010.02.004>.

Wells, D. L., «Domestic dogs and human health: An overview», *British Journal of Health Psychology*, 2007, 12; disponible en: <https://doi.org/10.1348/135910706x103284>.

Wells, D. L.; Lawson, S., y Siriwardena, A. N., «Canine Responses to Hypoglycemia in Patients with Type 1 Diabetes», *The Journal of Alternative and Complementary Medicine*, 2008, 14; disponible en: <https://doi.org/10.1089/acm.2008.0288>.

Williams, H., y Pembroke, A., «Sniffer dogs in the melanoma clinic?», *The Lancet*, 1989, 1 (8640), p. 734.

Capítulo 6

Buckland, E.; Corr, S.; Abeyesinghe, S. M., y Wathes, C. M., «Prioritisation of companion dog welfare issues using expert consensus», *Animal Welfare*, 2014, 23; disponible en: <https://doi.org/10.7120/09627286.23.1.039>.

De Lázaro, J. R. A., «El Derecho Animal: el nuevo régimen jurídico de los animales y la consideración de los perros de caza, en particular de los galgos, como animales de compañía», *Revista Jurídica de la Comunidad de Madrid*, 2024.

Dodman, N. H.; Karlsson, E. K.; Moon-Fanelli, A. A.; Galdzicka, M.; Perloski, M.; Shuster, L., *et al.*, «A canine chromosome 7 locus confers compulsive disorder susceptibility», *Molecular Psychiatry*, 2009, 15; disponible en: <https://doi.org/10.1038/mp.2009.111>.

Estudio «Él nunca lo haría» sobre abandono y adopción de perros y gatos, 2025; disponible en: <https://www.fundacion-affinity.org/es/investigacion/estudio-elnunca-lo-haria-abandono-adopcion-perros-gatos>.

Fallahi, M.; Masoudi, A. A.; Torshizi, R. V., y Maghsoudi, A., «Socioeconomic evaluation of human-dog coexistence: A 40,000 years history», *Veterinary Medicine and Science*, 2024, 10; disponible en: <https://doi.org/10.1002/vms3.70012>.

Gunter, L. M.; Feuerbacher, E. N.; Gilchrist, R. J., y Wynne, C. D. L., «Evaluating the effects of a temporary fostering program on shelter dog welfare», *PeerJ*, 2019, 7; disponible en: <https://doi.org/10.7717/peerj.6620>.

Kubinyi, E.; Turcsan, B., y Miklosi, A., «Dog and owner demographic characteristics and dog personality trait associations», *Behavioural Processes*, 2009, 81; disponible en: <https://doi.org/10.1016/j.beproc.2009.04.004>.

Lockwood, R., «Animal Cruelty and Violence Against Humans: Making the Connection», *Animal Law Review*, 1999, 5, pp. 81-87.

MacLean, E. L., y Hare, B., «Enhanced Selection of Assistance and Explosive Detection Dogs Using Cognitive Measures», *Frontiers in Veterinary Science*, 2018, 5; disponible en: <https://doi.org/10.3389/fvets.2018.00236>.

Maher, J., y Wyatt, T., «European illegal puppy trade and organized crime», *Trends in Organized Crime*, 2021, 24; disponible en: <https://doi.org/10.1007/s12117-021-09429-8>.

Menor-Campos, D. J., «Ethical Concerns about Fashionable Dog Breeding», *Animals*, 2024, 14; disponible en: <https://doi.org/10.3390/ani14050756>.

Miklósi, A.; Turcsán, B., y Kubinyi, E., «The Personality of Dogs», Elsevier eBooks, 2014; disponible en: <https://doi.org/10.1016/b978-0-12-407818-5.00007-3>.

Rehn, T., y Keeling, L., «The effect of time left alone at home on dog welfare», *Applied Animal Behaviour Science*, 2010, 129; disponible en: <https://doi.org/10.1016/j.applanim.2010.11.015>.

Sánchez-Martín, A., «"El Patilla", el cazador extremeño que mató a 32 perros de hambre y sed durante dos meses», *El País*, 2025; disponible en: <https://elpais.com/espana/2025-08-12/el-patilla-el-cazador-extremeno-que-mato-de-hambre-a-32-perros-durante-dos-meses.html>.

Serra, S., «La Ley de Bienestar Animal en suspenso: sin reglamentos, sin aplicación efectiva», Abogacía Española. Consejo General, 2025; disponible en: <https://www.abogacia.es/publicaciones/blogs/blog-de-derecho-de-los-animales/la-ley-de-bienestar-animal-en-suspenso-sin-reglamentos-sin-aplicacion-efectiva/#:~:text=Aunque %20se %20espera %20que %20el,Advocacia %20de %20Catalunya %20(JAC)>.

«Situación del galgo en España», 2025; disponible en: <https://galgoespanolespana.org/situacion/>.

Sommerville, R.; O'Connor, E., y Asher, L., «Why do dogs play? Function and welfare implications of play in the domestic dog», *Applied Animal Behaviour Science*, 2017, 197; disponible en: <https://doi.org/10.1016/j.applanim.2017.09.007>.

Takeuchi, Y.; Hashizume, C.; Arata, S.; Inoue-Murayama, M.; Maki, T.; Hart, B. L., *et al.*, «An approach to canine behavioural genetics employing guide dogs for the blind», *Animal Genetics*, 2009, 40; disponible en: <https://doi.org/10.1111/j.1365-2052.2008.01823.x>.

Takeuchi, Y.; Kaneko, F.; Hashizume, C.; Masuda, K.; Ogata, N.; Maki, T., *et al.*, «Association analysis between canine behavioural traits and genetic polymorphisms in the Shiba Inu breed», *Animal Genetics*, 2009, 40; disponible en: <https://doi.org/10.1111/j.1365-2052.2009.01888.x>.

Vage, J.; Wade, C. M.; Biagi, T.; Fatjo, J.; Amat, M.; Lindblad-Toh, K., *et al.*, «Association of dopamine- and serotonin-related genes with canine aggression», *Genes Brain & Behavior*, 2010, 9; disponible en: <https://doi.org/10.1111/j.1601-183x.2010.00568.x>.

Villalobos, J. R. V.; Santos-Fita, D., y Gonzalez, J. A., «The therapeutic use of the dog in Spain: A review from a historical and cross-cultural perspective of a change in the human-dog relationship», *Journal of Ethnobiology and Ethnomedicine*, 2017, 13; disponible en: <https://doi.org/10.1186/s13002-017-0175-6>.

Zucca, P.; Rossmann, M.-C.; Osorio, J. E.; Karem, K. L.; De Benedictis, P.; Haisl, J., *et al.*, «The "Bio-Crime Model" of Cross-Border Cooperation Among Veterinary Public Health, Justice, Law Enforcements, and Customs to Tackle the Illegal Animal Trade/Bio-Terrorism and to Prevent the Spread of Zoonotic Diseases Among Human Population», *Frontiers in Veterinary Science*, 2020, 7; disponible en: <https://doi.org/10.3389/fvets.2020.593683>.

Esta edición se ha compuesto con tipografías de la familia
Blacker Pro Text, una armoniosa revisitación de estilo clásico,
diseñada por Cosimo Pancini y Andrea Tartarelli.

Impreso en los talleres gráficos GraphyCems,
Villatuerta, Navarra, abril de 2026.